経済学用語考

下谷政弘
Shimotani Masahiro

日本経済評論社

はじめに

近年の打ち続く異常気象には脅かされる。それと同じように、今日では「経済」という怪物の操縦もなかなか厄介なことである。実際に、大きく変化する日本経済や国際経済の前途は異常気象をめぐる天気予報と同じで予測もつかない。異常気象は自然環境の変化が原因だという。近年の日本経済の大きな様変わりもまた、情報革命がもたらした急激な「グローバル化」という環境変化が大きな要因なのであろう。東アジアの構図全体が大きく変動したことによって、ながらく「一人勝ち」や「フルセット型経済」を楽しんできた日本経済の優位性が消えつつある。あるいは、本格的な「少子高齢化」の時代を迎えたことも主要な環境変化の一つであろう。近年の少子高齢化の影響被害をまともに受けているのは、ほかでもない、先の見通せない地方経済である。地方経済の疲弊は、日々そのままに地域社会を破壊し続けている。

バブル経済が崩壊してから四半世紀、すでに長く続いた「成長の時代」は終わってしまった。この間の日本経済は行きつ戻りつを繰り返してきた。いろんな政策が試され、制度もさまざまに改正されてきた。しかし、当然ながらジグソーパズルのピースの一つが外れれば他の全体もバラバラと崩れていく。「成長」という大前提を失なえば雇用の形態も変わり、かの「日本的経営」もその維持が不可能となってしまった。

しかし、いま私たちが考えねばならないのは個々のピースの問題だけではない。これからの日本ははたしてどういう性質の経済社会を目指すべきなのか、「成長の時代」を過ぎた日本にとってどういう経済社会が一番ふさわしいのか。今日、その全体的な将来像についてコンセンサスを求める議論をしなければならない時期を迎えている。やみくもに往時のような「成長の時代」を取り戻そうとするだけでは話は終わらないであろう。しりを叩いて「成長」を鼓舞するのでなく、環境の変化を長期に見据えた議論が求められる。

こうして、今日もまた、巷間では日本経済をめぐる議論がますますさかんである。あちこちから「エコノミスト」たちの自信に満ちた解説が聞こえてくる。しかし、これらの状況変化の諸々に関してかれらが預言者めいた口吻で語るのを聞くと、逆に、もう少しジックリ腰を落として物事を考えたくもなってくる。かつては地震予知学と経済学とが、両者ならべてその「実用性」についてとやかく批判されたことがある。しかし、この間、前者の方はよほどの前進を遂げてきたように見える。それに比して、経済学の分野では相変わらず声量の大小やプレゼンテーション能力を競い合うばかりで、必ずしも内容が伴わない。それればかりか、ひそかに前言を翻して「知らぬ半兵衛」を決め込んだり、殊勝に間違いを「懺悔」するとは言いながらいつの間にか居直ったりしている。

社会科学という「科学」は所詮そのような性格のものなのかも知れない。が、それにしては近年あまりにもさびしい状況に陥っているといわねばならないであろう。あるいは、経営学のコンセプトもまた変化激しく動揺している。この動揺は、経済学の基礎や歴史の素養を欠いたままで語られる一部の「経営学」の跋扈にもよっていよう。

社会科学のなかでも、とりわけ経済学というのはそれぞれの「用語」に各人の思い込みが色濃く反映する分野であるといえよう。それに付け加えて思想信条やら思惑やらが絡むためにいっそう複雑である。思い込みが強いほど議論は峻烈なものとなり強情さを増す。ある意味で、経済学というのは、用語のもつ意味のズレがもたらす摩擦熱を糧にしながら議論を進展させてきた分野だともいえよう。実際に、経済学ほどに思い込みの齟齬が生み出す「定義論争」のさかんだった学問分野もないように思われる。用語の定義が定まらねば、各人がそれぞれの思い込みから発言できる。議論が錯綜し迷走するのは当たり前のことである。

本書では、経済学をめぐるいくつかの「用語」について取り上げてみた。しばらくは目の前の実際の経済事象から距離を置いて、基本的な経済用語についてその内容を振り返ってみようとした。あるいは、用語をめぐるいくつかの「思い込み」について、それを別の観点からすると一体どう見えてくるのか、再検討を試みたものである。その際、それら用語の生い立ちについてもできるだけ探ってみるように努めた。いうまでもなく、ある経済用語がいつごろから一般的に用いられるようになったのか、それを知ることは時代の変化を知ることにつながるからである。また、人々の経済活動は古い昔から身近なものであった。経済用語のなかには身の回りの日常語から転用されたものが数多く含まれており、それだけにいっそう各人各様の思い込みのズレも増幅されがちとなるからである。

本書は題名を「経済学用語考」としている。しかしながら、ここに断るまでもないが、そういう本書もまた私自身の「思い込み」の産物なのかも知れない。いや、おそらくそうなのであろう。したがって、思いがけない間違いをいくつも犯しているであろうことを懼れる。大方のご叱正を頂戴できるならばたいへん幸いである。

なお、本書では先学諸賢の著作から学んでそこから多くの文章を引用した。引用文に付した傍点および〔 〕内の語句はすべて引用者による。

目　次

第1章　経済用語と日本語

「時は、ことばより雄弁であるというが、雄弁な時のながれの中で浮き沈みするひとつひとつのことばにまた、歴史の相貌が映じてい」る。

齋藤毅『明治のことば――文明開化と日本語――』講談社学術文庫、五頁

1　「和製漢語」の鋳造

今日まで当り前のようにして使われてきたいくつかの経済用語（日本語）、それらはいったいどのようにして生まれ、また使われてきたのだろうか。あらためてそれらの意味内容の変遷をたどってみると、それぞれの用語がこれまで担ってきた特殊日本的な過去の履歴が立ち現れてくる。あるいは、それらの用語が経済学や経済の現場においてどのように用いられてきたのかを調べてみると、やはり日本経済に独自の歴史背景を色濃く反映してきたことがわかる。

本書が以下の諸章で取り上げていくのは、すべてがよく知られた日常的な経済用語ばかりである。また、いくつかのカタカナ語を除けば、ほとんどのケースでは、たとえば「経済」「経営」「競争」「重化学工業」「産業」「系列」「談合」などのように、いわゆる漢字語が中心となっている。

これらの漢字語のなかには、当然のことながら、古くから漢籍などに存在してきたものが含まれる。それらは今日でも、そのままの意味で使われることもあれば、中には内容を多少とも変化させて使用されるものが含まれる。たとえば「経済」「経営」「産業」「談合」などはずいぶん古い時代から存在してきた漢字語であった。しかし、以下の諸章でも見ていくように、それらは今日では意味内容を異にして、あるいは変化したものとして使われている。

新たな「鋳造語」　また、よく知られるように、今日使われている経済用語の相当部分は、幕末から明治期にかけて日本社会に奔流してきた西欧語の新たな翻訳語――いわゆる「鋳造語」(coined words)として定着することとなったもので占められる。つまり、一部には、古くから伝わる漢字語がそのまま転用されて新しい経済制度や慣行の概念をまとったものがあり、他方では、新しく導入された事象が新しい用語を与えられて定着したものもあった。なかには、その後の日本経済の変化を反映しながら、たとえば「系列」や「重化学工業」などのように第二次大戦の戦時期をはさんで新たに登場した経済用語もある。いずれもが、日本社会の土壌にふさわしいものがそれぞれに発明工夫され、そして定着してきたのである。

もちろん、すべてが日本の発明品というわけではない。幕末から明治期にかけて広まった西欧語の翻訳語のなかには、まずもって中国で漢字語に翻訳されてから日本に伝わり定着したものが含まれる。そのことは、「十九世紀において一五五種類もの漢訳洋書が日本で翻刻され、利用された状況からもその影響を窺い知ることが出来る」（陳力衛「近代語と中国語」一〇八頁）。たとえば、「電気・物理・化学・銀行」などは中国語訳から来たもので、日本で一時期使われていた「越歴《エレキ》・窮理《キュウリ》・舎密《セイミ》・為替会社《カハセカイシャ》」などから「ついには中国訳におちついたのである」（杉本つとむ『近代日本語』一二三頁）。

しかしながら、翻訳語の圧倒的な部分はといえば、それは日本で新たに作られたいわゆる「和製漢語」であるといってもよいであろう。幕末以降に日本で鋳造された「新造漢語の内容はあらゆる分野にわたって」いた。さらに、それは「数量的にも、中国製訳語を襲用した漢語と中国の古典にある語を転用した漢語とをあわせた数よりもはるかに多い」（森岡健二編『近代語の成立　明治期語彙編』四一五頁）。いうまでもなく、それらの「和製漢語」は漢字語であることから、すべてが音読みで、すなわち字音で読まれてきた。

ちなみに、日本における「漢字語」の経済用語のなかにはやや性格の異なるものが含まれている。というのは、経済活動というのはどこの国でもはるか昔から行われてきた。したがって、近代以降の経済用語にも日常の社会生活のなかで昔から通行してきたことばがそのままに使われる場合が多い。つまり、そこには伝統的に使い慣れてきた日本語が数多く入り込んでいる。

訓読みされる漢字語

たとえば、「手形」「切手」「問屋」「為替《かわせ》」「市場《いちば》」「組合」などのように日本の商慣行のなかで古くから形成されてきた用語がある。あるいは、「取引」「引渡」「支払」「掛値」「割引」「貸付」などのように、日常の経済活動を表す用語がある。これらの用語は、表記だけをみれば漢字による「漢字語」のように見える。しかし、実はすべてが正真正銘の和語である。

つまり、さきの「和製漢語」とは異なって、これらはもとからの日本語なのである。漢字語の体裁をとってはいるものの、もともとは和語であることから、当然ながらこれらは音読みではなく訓読みされる。その他にも、たとえば「取締役」「株主」「覚書」「売上高」「値札」「振込」などもそうである。あるいは、「下請」「割増」「手当」「品切」なども皆そうであり、訓読みされる。和語からきたこれらの経済用語は、「手続」「手紙」「場合」「入口」「出口」などの日常語と同じように、国語学の上では「和製漢語」から区別されて、「日本漢字語」として分類される。

たとえば、いわゆる「持株会社」の「持株《もちかぶ》」なども古くからの日本語であって、「日本漢字語」のひとつである。近年、「持株会社」については新聞紙上などで取り上げられる機会が多いが、そこではとくに「持ち株会社」のように仮名まじりで表記されるのが慣行となっている。あるいは、「為替」については、それは「〈替へ銭《せん》〉の変化と考えられる。《書言字考節用集》では〈替銭〉を〈かわせ〉と読んでいる」（佐藤喜代治『日本の漢語』三五五～三五六頁）、など。また、「わが国の中世にあっては、為替は替銭・替米（いずれもカワシと読む）と称し」（安倍惇『為替理論と内国為替の歴史』六九頁）ていた、との指摘もある。

2　近代化と「絶えず新しいものを求める精神」

さて、さきに述べたように、幕末から明治初期にかけては「和製漢語」が大量に作られた時期であった。西欧文明との接触によって、日本語の語彙は、その基本的な部分も含めて大きな変動を経験した。ある研究によれば、「明治時代は、その前後の時代よりも語彙の変化がはげし」く、「ふえた単語の多くは、明治時代は漢語であり大正昭和時代には外来語」であったという（石綿敏雄「現代の語彙」『語彙史』三五三頁）。あるいは、「近代史を通していえば常に新語が漢語によって生産され、とどまるところなどありえなかった」が、「明治の漢語主義は大正の漢語・かたかな並列主義となり、大正後半から昭和にかけてはかたかな語主義へと転化していった」（杉本つとむ、前掲書、二二八、二三八頁）。

西欧文明との接触　大量になだれ込んできた西洋文明に対して、近代日本では新語を作らねばならなかった。それらの新語は漢語の形をとったのであり、新たに鋳造された「和製漢語」は「新漢語」とも称された。たとえば、よく知られるように「会社」（また、「社会」も）は近代日本の代表的な発明品であった。「〈会社〉は漢字の〈会〉と〈社〉を繋げた和製漢語である。漢籍古典にはなく、中国渡来の語ではない」（馬場宏二『会社という言葉』一頁）。実際、今日まで東アジアの漢字圏で用いられてきた多くの専門用語は、社会科学・人文科学、自然科学の分野を問わず、その相当部分が近代日本で新たに鋳造された「和製漢語」で占められている。それらは、やがて近隣の漢字圏諸国へと輸出されたのであり、今日でも東アジアの漢字圏において共通語となっているものが少なくない。

周知のように、幕末から明治初期にかけての日本は歴史的な大変動を経験した。いわゆる「近代化」である。そして、この近代化というプロセスは西欧からの新文明の導入以外の何物でもなかった。同時に、それは日本社会に「工業化」という経済変革をもたらし、旧来の産業活動への大きな衝撃となった。極東の小さな島国でスタートした近代化のプロセスは、植民地化の危機を避けえたという意味において、戦前（あるいは戦後の一定時期にいたる）まではアジア諸国のなかではほとんど唯一の成功例であったということができよう。先進的な技術知識や物品が大量にもたらされたのであり、先進的な西欧文明が日本人の目を奪うこととなった。もちろん、近代化のプロセスとはそうした技術知識や物品の導入だけにとどまらなかった。社会全般にわたる新たな制度や組織、思想、慣行なども同時にもたらされたのである。

「近代」という用語　この「近代」という語そのものについて、柳父章『翻訳語成立事情』（一九八二年）は真正面から興味深い分析を加えている。同書はそのなかで、一九四二（昭和一七）年の座談会「近代の超克」（『文学界』九／一〇月号）のことを取り上げて、中村光夫のつぎのような発言を引いている。「僕なんか素人として〈近代〉といふものを考へて見ると、今まで西洋の〈近代〉といふものは兎に角日本人の目には何か非常に偉いやうに映つた……絶えず新しいものを求める、さういふ一種の精神の状態といふものが何か近代の正体ぢやないか」（柳父、四五頁）。

明治期において、先進的な西洋文明は「兎に角何か非常に偉いやうに映った」。そして、日本人は近代化による文物の導入に機敏に対応していくため、つぎつぎと新たな用語を考え出さねばならなかった。「絶えず新しいものを求める、さういふ一種の精神の状態」が、数多くの新たな鋳造語を作り出す原動力となったのである。

もちろん、先進的な西洋文明を真正面から受け止めえたのには、その前提として忘れてはならない背景があった。それは、ほかでもない、それに先立つ江戸期からの豊かな学問的蓄積があったということである。つまり、「〈明治初期の翻訳〉という話題を、同時的（synchronic）にみれば、日本の〈近代化〉の過程と切り離しては考えることができない」が、「また同じ話題を通時的（diachronic）にみれば、その前段階としての徳川時代の文化を考慮せざるをえない。あの驚くべき短期間に、文化のほとんどあらゆる領域にわたって、高度に洗練された翻訳をなし遂げるためには、日本社会の側に然るべき歴史的な経験と、語学的手段と、さらには知的能力がなければならな」かった（丸山真男・加藤周一『翻訳と日本の近代』一八五頁）。すなわち、いわゆる「近代化の芽」であり、儒学・漢学・蘭学などに関する深い造詣と学識とであった。「徳川時代という、あした閉鎖的な社会にあっても、日本の諸学はすでに予想外に大きい近代化の芽を準備していたので、明治に入って澎湃たる西洋文明に出会《でくわ》しても、これに圧倒されることなく……これを解釈して受容することができたのである」。そして、「そこに、新しい時代の新しい思想を担う明治のことばが、過去の蓄積と成長のなかから生み出され、鋳造された秘密がある」（齋藤毅『明治のことば』三三一～三三二頁）。数多くの「和製漢語」が、アジアで最初に近代化に成功した日本列島から近隣の漢字圏へと流れ出した。

3　経済関連の翻訳語

たとえば、哲学者であり啓蒙思想家でもあった西周（一八二九～一八九七）は'philosophy'の訳語としての「哲学」の発明者としてよく知られる。かつて「フィロソフィアは江戸時代に〈東洋の儒学〉から出発して、知学とか理学と訳され、一般に〈理学〉が用いられ」てきた。しかし、かれは、「理学」では「他ニ紛ル、コト多キ為ニ今哲学ト訳シ東洲ノ儒学ニ分ツ」たという（杉本つとむ、前掲書、二二三頁）。この「哲学」のほかにも、かれの著作はまさしく「訳語・新語の宝庫で、西自身の発明になり後に一般に受け入れられたものが多い」（佐藤喜代治編『国語学研究事典』）。かれは、たとえば「帰納」「演繹」「原理」「理性」「観念」「主観」「意識」など、数多くの「和製漢語」を作り出している。その後も、近代日本では、多くの啓蒙思想家や学者たちによってさまざまな分野の「和製漢語」が作り出されてきたのである。

無数の「和製漢語」　実際、今日の東アジアの漢字圏（中国や韓国など）で通行している「和製漢語」は、経済関連の用語だけに限ってみてもその数はおびただしい。いま、その一部を拾い上げるならば、たとえば「企業」「資本」「投資」「計画」「分配」「景気」「広告」「商業」「国際」「実業」「財団」「予算」「決算」「法人」「現金」、などなど、「これらはすべて、日本製中国語として中国人の間に定着している」（劉徳有『日本語と中国語』七三頁）。あるいは、別の書物から、重複を避けながら拾い上げても、「商社」「商店」「商標」「発売」「専売」「月賦」「社員」「賃金」「資金」「投機」「公債」「工業」「動産」「証券」、などなど、まさしく枚挙に暇がない（森岡、前掲書、四一五頁）。

さらに、興味深いことには、日本ではたんに新たな翻訳語がたくさん鋳造されただけではなかった。造語法の面でも新機軸を編み出したのである。周知のように、もともと漢字は高い造語力をもっている。たとえば、「〈電気〉という語は中国でつくられた」が、そこから「電車・電信・電報・電話……発電・感電」、などが生まれた（野村雅昭「造語法」二七七頁）。同じように、名詞の語尾に「化」「的」「性」などの接尾辞を加えるという日本的な造語法がある。表にも一例を示

表　接尾辞による造語

「化」 一般化　工業化	「性」 必要性　可能性	「的」 歴史的　科学的	「点」 観点　要点
「観」 価値観　世界観	「界」 文学界　教育界	「式」 西洋式　問答式	「率」 能率　効率
「力」 生産力　支配力	「論」 唯物論　方法論	「法」 弁証法　分析法	「線」 戦線　生命線

出所：劉徳有『日本語と中国語』84～85頁から抜粋。

しておいたが、中国にとっては接尾辞を加えた「こうした言葉は、現代日本語からの借用か、あるいは日本の造語法に習ったものであった。「このほか、〈資本主義〉〈社会問題〉〈有産階級〉……のように、語尾に〈主義〉〈問題〉〈階級〉〈社会〉〈時代〉〈作用〉を付ける造語法も日本語から借用したものである」（劉徳有、前掲書、八四頁）。

いずれにもせよ、その際、新たに生まれた翻訳語が市民権を認められ広く定着するまでには時間がかかる。すなわち、「訳語の形成は一時に行なわれるものでな」かった。「はじめは競争するいくつかの語形が行なわれて、次第に淘汰されていくものである……訳語としての漢語には変遷が多かった」（『語彙史』三六五頁）、という。たとえば、「哲学」の語をめぐる変遷については齋藤毅『明治のことば』（「哲学語源」）にもくわしいが、それは「玄学」「理学」「性理学」「希哲学」などとの角逐のなかから最終的に選び出されている。

あるいは、同じように、これら日本で新たに鋳造された「和製漢語」のすべてが近隣の漢字圏においてスンナリと受け入れられたわけでもなかった。当然のことながら、受け入れの過程では「和製漢語」に対する反発や逡巡などが数多く見られた。たとえば、「経済学」という語については、次章でもみるように、中国では「富国学」「理財学」「資生学」「生計学」などいくつかが試用された後に、最終的には日本で定着した「経済学」が受け入れられたという（森時彦「生計学と経済学の間」）。

専門分野別の和訳辞書　さて、こうした外来語からの翻訳語（「鋳造語」）に関する考証については、これまでにもすぐれた研究書が数多く積み上げられてきた。また、語誌に関する研究書もけっして少なくない。本書においてもそれら先人諸賢の研究成果に負うところが大きかった。実際、幕末・明治期に先進的な西洋学問を吸収するために数多くの専門用語辞典（術語集）が作られたが、これまでにも、それらを対象とする分野別の翻訳語研究の成果が積み上げられてきたのである。

先人たちが研究対象として取り上げたのは、もちろん一般の和訳辞書の類であった。また、それに加えて、分野別の和訳辞書、すなわち専門用語辞典としての各種の「字彙」があった。たとえば、『哲学字彙』や『英独和対訳鉱物字彙』、『英和工学字彙』、『物理学字彙』、『兵語字彙』、『医語類聚』……、などなどである。これらの「字彙」類の多くは明治一〇年代から二〇年代にかけて相ついで刊行されたのであり、西洋文明の普及や浸透において大いに貢献した。あるいは、時を経ながら、術語を一つの共通語に収斂させていく上でも大きな役割を果たした。

しかしながら、これらの専門用語辞典は、哲学など一部を除けば、多くが自然科学に関連する分野のもので占められていた。「洋学研究が医学、砲術、天文、測量、物理、化学などの実学を主とし、政治、法制、経済の面が立ち遅れていることを見抜いた西周は、西欧の文物、制度の根源である〈性命の理を解く〉フィロソフィアに深い関心を抱いた」(惣郷正明『辞書漫歩』二三四頁)、という。いうまでもなく、西洋から入った多くの学問分野のなかで、何よりも自然科学に関する知識や語彙こそはまったく新奇なものであったろう。それらを実践的に学習し習得するために「字彙」の存在は必須のものであった。

その反面では、経済をはじめ社会科学に関するものについては、旧来世俗の伝統的な日常用語でもって通行できる余地が多分に大きかったであろうと推測される。したがって、それが理由なのであろうか、社会科学の用語の研究については、なかでもとくに経済用語についての体系的な語誌研究書は、今日でも必ずしも多くないように思われる。たとえば、「銀行」「保険」などについてはいくつか論稿が散見される。また、さきの「会社」については、馬場宏二『会社という言葉』や高村直助の『会社の誕生』『明治経済史再考』などが知られている。しかしながら、その数は限られており、全体的に見渡してみてもまだ手薄な状況におかれている。

4　西洋経済学の到来

そこで、本書では以下、とくに経済（学）に関連するいくつかの用語を中心的に取り上げ見ていくことにしよう。次章以下のそれぞれの章では、とくに四つの経済用語を、たとえば「経済」、「産業」、「重化学工業」、「コンツェルン」、を取り上げて順次に考察を試みることとなる。その前段として、本章ではまず概説的な形をとって、その他のいくつかの経済用語を取り上げてみることとしたい。

輸入学問としての経済学　幕末から明治初期にかけての近代化の混沌のなかでさまざまな分野の学問が流れ込んできた。いうまでもなく、今日の「経済学」（political economy あるいは economics）もまた、もともとは西欧で確立された学問体系であった。オランダなどからの影響の後をついで、「明治初期以来の英米からの大影響は測り知るべからざるものがあって、政治、法律、経済、学術、教育、商業の各界、海軍及び海運等の各方面において、圧倒的な勢力をもって進んできた」（新村出『外来語の話』一七四頁）。経済学もまた、新たな輸入学問の一つとして日本へもたらされたのである。

もちろん、それまでの日本において経済学というものがまったくなかったわけではない。江戸期の「経済思想家」としての安藤昌益や石田梅岩、太宰春台、佐藤信淵、二宮尊徳らの書物が存在するように、日本でも「経済学」はさかんであった。しかし、概していえば「徳川時代の論説は……原理的な経済学とはほど遠いもの」（杉原四郎『日本の経済思想史』一四四頁）であった。次章の「経済学と〈理財学〉」の中においてもくわしくみるように、それらの多くはむしろ政治論や道徳論など、いわゆる「統治の術」を中心とした学問体系の一部分を構成するものにすぎなかった。

すなわち、体系的・科学的な「経済学」としては、その圧倒的な部分を新たな外来学問に依拠しなければならなかったのである。新しい学問体系や新しい事物・概念に対しては新しい用語が必要となる。幕末から明治維新にかけて輸入された経済関連の新たな事物や概念に対して、古くからの漢字語が新たに鋳直されたのであり、またそれ以上に、数多くの「和製の経済用語」が作られたのである。さらには、「和製の経済用語」の作成は、その後の日本経済の発展によって新たな経済現象が出現するたびに、時代が下がっても続けられてきたのである。とくに、経済学の学問体系のなかから新たに「経営学」関連の分野が分かれ出てきたことによって、それらも漢字語やカタカナ語の形をとりながら新たな用語として登場してきた。本書では第二次大戦の前後のころまでの経済用語についてもいくつかを取り上げてみよう。

5　「競争」と「戦略」

たとえば、今日、経済学や経営学で、あるいは企業経営の現場においてもよく使われる用語に

「競争」がある。「競争」こそは今日の経済学や経営学における重要かつもっとも基本的な用語の一つであろう。経済における競争とは一般には「市場競争」であって、市場で展開される。かつての「市場《いちば》」は、前述したようにもともと古くからの日本語（「日本漢字語」）であったが、経済学においては、通常はそれを音読みして「市場《しじょう》」と読みかえる。同じように、かつての「工場《こうば》」「運動場《うんどうば》」「停車場《ていしゃば》」「開港場《かいこうば》」などもしだいに読みかえられるようになったという。日下部重太郎『国語百談』（一九一五年）によれば、「〈ば〉と云ふのは下品で、〈ぢやう〉といふのは上品だと思ひ込んではならぬ」、とある（惣郷正明『日本語開化物語』一九八頁）。もちろん、これらのことばについては「ば」でも「ぢやう」でも大差はないといえようが、「市場《いちば》」と「市場《しじょう》」は別物である。

さて、いうまでもなく「競争」が展開されるのは経済の分野だけとは限らない。競争はあらゆる分野で行われてきた。近代社会とは、広く政治や科学技術の分野などをも含めて、さまざまな構成要員が互いに競い合うことを通じてこそ、結果的な全体調整や進歩発展を図ってきたものだといえよう。とりわけ経済学においては「競争」はしばしば独占と対置される概念でもあり、「競争と独占は市場経済に固有の関係現象、歴史的範疇」（岩波『経済学辞典』第三版、一二三五頁）であるとされる。

したがって、経済用語のなかには競争に勝ち抜くための「戦略」や「戦術」など、軍事用語から借用されたものが多い。「戦略とはぶっそうなことばである。もともと、戦争で敵を倒すために用いる大局的な作戦といった意味をもつ軍事用語であった」（西山賢一『企業の適応戦略』六頁）。または、企業の経営組織として知られる「ライン・アンド・スタッフ組織」も、それはかつてのプロイセン軍隊の参謀本部制に起源をもっている、などなど。なかでも、「戦略」（strategy）の語は、今日では経済の現場において「競争戦略」として、あるいは「企業戦略」や「経営戦略」「多角化戦略」などのようにさかんに使われる用語である。

いったい、日本でこの「戦略」という経済用語はいつごろから頻繁に用いられるようになったのだろうか。それは必ずしも古いことではなかった。第二次大戦後、「経営学」という分野が経済学のなかから分かれてしだいに確固たる地歩を占めはじめてからのことにすぎない。実際、P・ドラッカーもいうように、「第二次大戦前においては、経営はまだほとんどの国で学問あるいは研究の対象としては認められていなかった」（『現代の経営』上、原著者序）。

「戦略」を書名にもつ有名な著作としてはA・チャンドラー（Alfred Chandler Jr.）の"Strategy and Structure"(1962)（三菱経済研究所訳『経営戦略と組織』一九六七年）が知られている。「これはおそらく、経営学の分野で本格的に戦略を取り上げた最初の著作である」とされる。同書がもたらした日本の学界や経営の現場への影響は大きかった。そして、「このことはあまり知られていないが、〈戦略〉という言葉を用いた本を執筆した理由は、一九五四年にチャンドラーがニューポートの海軍大学で〈国家戦略の基礎〉を講義したことに起因している。もう一人の講師が軍の戦略を、チャンドラーが企業の戦略をそれぞれ執筆して出版する計画であったが、企業の戦略のみが上記著作として出版され……経営学界にも大きな影響をもった」(以上、安部悦夫「企業の境界」七三頁)、という。

あるいは、P・ドラッカーが“Managing for Results”(日本語訳『創造する経営者』)を刊行したのは一九六四年であった。ドラッカーは同書の出版について一九八七年に自ら次のように語っている。「この本は、今日でいう〈企業戦略《ビジネス・ストラテジー》〉をテーマとした最初の本であった。ちなみに、最初は、本書の題名を〈企業戦略〉とした。が、いまから二〇年以上前には〈戦略〉ということばは、政治か軍事にしか用いられていなかった」(P・ドラッカー『現代の経営』上、六頁)。このようにして、第二次大戦後においても、しばらくの間はアメリカでも「戦略」という語はまだ熟した経済用語にはなりきっていなかったことがわかる。

「穏やかならぬ争いの文字」　では、「競争」の語はどうであったろうか。「競争」は古くから漢籍に存在してきた(「競諍」とも表記)。しかし、不思議なことに、「競争」の語は日本社会では馴染みが薄かったようで、一般には使われることのなかった漢語であったらしい。それは、幕末から明治の近代化にかけ輸入された西洋経済学の competition の翻訳語として、ようやく定着し広まりはじめたのである。「明治初期には〈争競〉ともいった」(『新語俗語辞典』)。この「競争」の語については、福沢諭吉のつぎの逸話が知られる。

江戸の末期のこと、諭吉が勘定方の要人に面談して、英書中の「コンペチション」の訳語を「競争」として説明した。ところが、「イヤここに争《あらそい》という字がある、ドウもこれが穏やかでない……これではドウモ御老中方へ御覧に入れることが出来ない」、などといわれる。諭吉は食い下がっていう。「競争」は「何も珍しいことはない。日本の商人のしている通り、隣で物を安く売ると言えば此方《こっち》の店ではソレよりも安くしよう、また甲の商人が品物を宜《よ》くすると言えば乙はソレよりも一層宜《よ》くして客を呼ぼう……またある金貸が利息を下げれば隣の金貸も割合を安くして店の繁盛を謀る……互に競い争うて、ソレでもってちゃんと物価も決まれば金利も決まる、これを名づけて競争というのでござる」。

しかし、役人は、「何分ドウモ争いという文字が穏やかならぬ」、と折り合いがつかない。そこで諭吉は、「争いという字がお差支《さしつかえ》ならば、外に翻訳の致しようもないから、丸《まる》でこれは削りましょう」と、「競争」の二字を真っ黒に塗りつぶしたという（岩波文庫『福翁自伝』一八四頁）。

しかし、明治期に入って近代化が進むにつれて「競争」は普段一般に使われることばになっていった。たとえば、『英和字彙』初版（明治六年）には struggle の訳語として、もとは「争競《あらそひ》」とされていたものが第二版（明治一五年）からは「競争」と変化したように、しだいに「競争」という語形が定着していった。諭吉の『民間経済録』（明治一三年）にも、「一人又は一会社の営業と為すときは必ず商売上の競争を起して……」、などとある。文学作品においても、夏目漱石『吾輩は猫である』(明治三八〜三九年)には、「競争の念、勝たう勝たうの心は彼等が日常の談笑の中にも……」、と出てくる。あるいは、「世界が化物になつた翌日から又化物の競争が始まる」、などとある。

6　「談合」をめぐる談義

第二次大戦後、日本経済は急速な成長発展を遂げた。往時の経済成長を支えた日本的な要因にはいくつかのものが挙げられよう。たとえば、日本的な取引慣行や企業制度、あるいは労使関係などである。いわゆる「日本的経営」として一括される「終身雇用・年功序列・企業別組合」もある。そのなかでも、日本経済の特色というものをとくに典型的に表すのは「談合」の存在であろう。あるいは「系列」の存在である。

この談合や系列については、いわば日本の経済社会に独特の慣行や制度として、今日の一般情勢では否定的な意味合いで語られることが多い。すなわち、談合は一種の犯罪であり系列は不公正な慣行(制度)である。犯罪的や不公正なものが日本経済の特色になっているというのは、もちろん自慢できることではない。しかし半面では、談合や系列は必ずしも一概に犯罪的や不公正だとは言い切れない面がある。または、ともにある種の「経済合理性」を見出すこともできる慣行（制度）だとして、それらが存在してきた背景を見直し、それらが生まれたことの意義について再考しようとする議論もある。

談合と競争原理　かつて、欧米流の「〈ものさし〉で測って〈おかしな、不合理な、遅れた〉システムと考えられていたものは、日本にはたくさんあった」。それらの多くは、さきに見た「競争」原理とは対立する概念であった。たとえば、武田晴人『談合の経済学』は、「談合の反対は……競争であり、この競争原理と民主主義とが欧米の近代社会を特徴付けている」とした上で、談合を「日本的な調整システム」と名づけて議論を展開している。「入札談合が政治家の介入によって腐敗の源泉になっていることに議論の余地はない」。たしかに、「競争原理こそが唯一絶対だと考えるアメリカ的な〈ものさし〉からみれば、談合はおかしなシステムだし、入札への参加を限定する指名入札は競争原理を制限する悪い制度ということになる」。しかしながら、「競争が望ましいとしても、そこでは何が競われているか、競争状態を保つためにはどういう条件が必要かが明確にされないと、議論は前進しない」。このように述べて、著者は、「談合はどのような競争を制限することになるのだろうか」（以上、武田、四〜一二頁）、と問いかけている。

「談合」も「系列」もそれぞれに古くからある言葉であった。しかも、それらはもともとは経済（学）と直接に関係するようなことばではなかった。また、本来、否定的な意味合いをもつことばでもなかった。それらが経済用語となって特別の意味を持ち出したのは、「談合」は明治期以降であり、また「系列」は第二次大戦末期からのことであった。

「かたりあはす＝談合」　まず、「談合」についてみよう。「談合」（古くは「だんかう」）とは、もともと字義どおりにたんに「話し合うこと。相談すること。談義」などの意味をもつことばにすぎなかった。この「談合」という語は漢籍には見当たらず、本来の漢語ではなかったらしい。すなわち、「和語の〈かたりあはす〉に当てて漢語的な〈談合〉の字を用いることが生じ、さらにこの文字を〈ダンカウ〉と音読することともなったと理解される」（佐藤喜代治編『講座日本語の語彙』10巻、三五三頁）。小学館の『日本国語大辞典』を開いてみても、「平安時代の仮名文に見られる〈かたりあふ〉〈かたりあはす〉に当てられた漢字〈談合〉を音読することによって成立した」ものという。『齋藤茂吉随筆集』（「手帳の記」一九三五年）にも、「なお御神楽をお願いしようかなどと談合《かたりあ》っていたとき……」と出てくる。この「談合」の生いたちは、あたかも「出張《でば》る」という古い和語を音読みして新たに「出張《しゅっちょう》」ということばが生まれたのと同じ現象である。つまり、「談合」は来歴の古い「和製漢語」の一つであった。同様にして、今日しばしば「談合」とセットで語られることの多い「入札」についても、やはりもとの「入札《いれふだ》」が音読みされたものであった。

ところで、この「談合」は、「現在では〈ダンゴウ〉と濁るが、中近世はだいたい〈ダンカ（コ）ウ〉」と清んで発音していたらしい」。室町時代のキリシタン資料の「《天草本平家物語》では……いずれも'Danco'と清音で記されており、また《日葡辞書》でも同様に、Danco. Catari auasuru. *Consulta.* と清音で記される」(『講座日本語の語彙』10巻、三五四頁)。以降、江戸期から明治期にかけても、たとえば大槻文彦『言海』(明治二四年刊)にあるように、「だん-かふ(名)談合〔かたりあふニ当テタル字ヲ音読セル語〕カタラヒ。ハナシアヒ。相談。」と清音で発音されるのが普通であった。しかしながら、当時の辞書などの考察によれば、明治の中ごろから「ダンゴウ」と濁る表記がふえはじめて、「〈ダンコー〉から〈ダンゴー〉への推移はだいたい明治二〇年代ごろになされたと考えることができる」(同前、三五五頁)、とされている。

「あいかたらふ=相談」 他方で、「かたりあふ・かたりあはす」の意味を示す普段一般の日本語としては「相談」がある。この「相談」も同じように、「あいかたらふ」から生じた和製漢語であると推測されている。しかし、「相談」の語がしだいに登場しはじめたのは、「〈談合〉より遅れて室町時代末以降であ」り、「江戸時代前期ではまだ〈談合《だんかふ》〉が圧倒的に優勢」を占めていたという。その後、やがて「江戸時代末には〈相談〉の方が一般的となる。この趨勢に伴い、近代に入っては〈談合〉が次第に特定の意味、あるいは古めかしいニュアンスを示すにとどまるようにな」ってきたのだという(以上、同前『講座日本語の語彙』10巻、三五九頁)。

現在では、「談合」といえばもっぱら事業入札や競売をめぐる競争者間の不正な申し合せとしての「談合行為」だけをさすようになっている。しかし、それは明治期になってはじまった用語法であった。そして、「談合」の意味がネガティブなものになるのには、ひとまずは「談合請合」や「談合入札」などの四字熟語が作られて後、その省略形から生じた変化であろうと推測される。今日では、「密室談合」「官製談合」などのようにも広く使われており、当事者間の不透明な取引関係を示すことばとなっている。

7　経済用語になった「系列」

つぎに「系列」についてみよう。系列とはそもそも何だろうか。

『明治のことば辞典』によれば、『模範英和辞典』（明治四四年）に記載された「系列」（Series）を引いて、「英語 series の訳語か」と推測している。「系列」という古い漢語が示す意味内容は、本来は「系統立てられた物事や数の配列。また（組織的な）つながりのある物事の集まり」（『日本国語大辞典』）であった。つまり、それはもともと経済（学）とは直接に関係のない、むしろ無縁の言葉であった。それが、今日では経済用語に転用されて、企業間の特殊な結合関係などの意味で使われている。また、そうした関係をつくることを「系列化」とも表現する。

'keiretsu'　今日では、英文の学術論文などにおいて「系列」は 'keiretsu' とアルファベットでそのままに使われている。あるいは動詞的にも用いられて「系列化」（keiretsification）という単語さえ見出すことができる。高度経済成長を遂げて、一九七〇年代は日本語が英語の語彙のなかに大量に取り入れられた時期であったが、その「大きな契機は日本経済の発展である……高度成長期には……dango（cartel）、gaiatsu、karoshi、keiretsu……などの語である」（早川勇『英語になった日本語』二八頁）。日本語読みでの「系列」がそのまま'keiretsu'という英単語として使われているところにも、それが日本的なものであることが現れている。

ところで、そもそも経済用語としての「系列という概念は必ずしもコンクリートなものでなく、かなり便宜的なものである」（中村秀一郎『系列を超えて』三頁）という。

いうまでもなく、経済学とは社会科学の一つである。人間の社会生活にかかわる科学であるだけに、そこで用いられる専門用語には、日常普段の社会生活で使われることばがそのまま流用されることが多い。しかし、日常普段のことばであるだけに、使い手によってその中味には思い込みやズレが生じる。これは当然のことであろう。

たとえば、「財閥」とはいったい何だろうか。かつて「財閥」の定義をめぐって論争が繰り広げられた。その背景には、それが日常語としての「成金」や「富豪」のことを指す場合もあれば、他方では巨大に聳え立つピラミッド型の「コンツェルン」にいたるまで、使い手によってその意味がさまざまだったからである。しかし、もし経済学が科学の一つであるというのであれば、使われるべき術語はできるだけ「一語一義」の状態に近づくのが理想であろう。

「系列」をめぐっても同じである。それは「コンクリートなものでなく、かなり便宜的なもの」というのでは、科学にはならない。実際、「系列」の定義をめぐってもいくつかの論争が展開されてきた。三輪芳朗他『日本経済論の誤解』という書物にはサブタイトルに「〈系列〉の呪縛からの解放」とある。まさしく、経済学という社会科学は「定義論争」の歴史でもあったということができよう。

「系列」はいつから経済用語になったか　それはともかく、ある用語がいつごろからさかんに使用されはじめたかを知ることは、時代の変化を知る上でも興味深いことである。「系列」が企業間の特殊な関係を示すポピュラーな経済用語として使われ出したのはいつごろからなのか。「系列、系列化などの表現が日本の文献のなかに、いつどのように現れたか」。それは「はっきりしないが、昭和二〇年代には一部で用いられだしたとはいえ、まださほど一般的ではなかった。三〇年代に入ってこの言葉は大いに広まったが、それは学術用語だったわけではなく、まだ制度的に明確な（例えば法律の条文に記された）用語でもなかった」という（島田克美『系列資本主義』二二頁）。

『広辞苑』で「系列」をみると、初版（一九五五年）から現在の第六版まで一貫して、まずは、「組織だって並べられた一連の物事。また、その順序」がその基本的な意味とされてきた。ただし、第三版（一九八三年）からはようやく、「——ゆうし【系列融資】銀行が同一資本系列に属する企業に行う融資。企業に対する銀行の影響力を強め、戦前の財閥にかわる戦後の新しい企業集団形成の重要な要因となった」、が加わっている。また、第四版（一九九一年）からは、「系列」の二つ目の基本的意味が掲げられるようになって、「②資本・経営者・生産・販売などの、企業間の結合関係。企業――、――会社」が登場している。もちろん、一般的に辞書というのは現実の動きや変化を後追いして用語を採集するという宿命を負っている。とはいえ、ずいぶんと遅い採集であった。

「国会会議録検索システム」を用いて実際の「系列」の使用例を調べてみると、「系列」という語そのものは戦後当初の一九四七年から登場している。しかし、それらはすべて上に述べた第一の基本的意味のものであった。すなわち、一連の行政系統や官僚機構、工場設備、補助通貨などの説明において、もっぱら一般的な用語として使われるにすぎなかった。初めて第二の基本的意味として使われるのは、一九五〇年の衆議院予算委員会（二月一八日）で「商業取引上の系列関係……」としてであった。あるいは、同年の衆議院経済安定委員会（一〇月二〇日）での発言、「大企業との関連において協力関係を持たせる、……やはり系列をつくることが本当の意味において中小企業を考える……かなめではないか」、などである。その後は、こうした使い方が頻繁に出てくるようになる。

「系列」の語は、実際には「企業系列」「金融系列」「系列取引」などの熟語として使われることが多い。そうした意味合いでの「系列」が最初に経済の現場で使われたのは、実はもっと早くから、すでに第二次大戦の末期からのことであった。藤田敬三は、「業界における一般の用語として企業系列が登場したのは第二次大戦の末期、すなわち昭和一八年の中頃特に八月頃からのことである」、と明確に述べている。

すなわち、「戦争のこの段階（特に一九年の春頃）になると協力工場、企業系列、企業集団に関する記事が経済新聞の主要テーマとして毎日のように掲載され」（藤田敬三「日本産業における企業系列」一一頁）たという。たとえば、「戦局の緊迫に伴う航空機並に兵器の飛躍的増産に即応して工作機械の大量生産を急速に実現するため……之が製作形態として企業集団の結成を決定……この生産形態は戦力増強の中枢を占める機械工業の画期的方策として又企業系列整備の先駆として関係方面の非常な関心を集めた」（『日本産業経済新聞』一九四四年三月一三日）、など。

戦争経済が深化していくなかで、一九四三年一一月には軍需省が設置されて、「錯綜セル企業系列ノ整備強化」が進められることとなった。その中で、「企業系列ノ整備ニ当リテハ発注工場ヲ基幹トシ協力工場ヲ之ニ専属セシム」（植田浩史「戦時経済下の〈企業系列〉整備」二九頁）、と定められたという指摘もある。このようにして、経済用語としての「系列」は第二次大戦の末期に「企業系列（整備）」として現れたのである。

しかしながら、それはまだ一般の人口に膾炙するようなことばではなかった。それがさらに広く使われ出したのは戦後の一九五〇年代のことであった。「戦後の企業系列……が何時頃から現れたか……すなわち朝鮮動乱の終熄後の不況期と見るのが普通の如くである」（藤田敬三、前掲、四頁）。

踊りはじめた「系列」　一九五〇年代に企業間の関係を示す用語として「系列」が急速に広まったのには、独占禁止法の影響を無視できないであろう。日本に独禁法という新たな法律が制定されたのは戦後の一九四七年のことで、GHQによる占領下においてであった。よく知られているように、当初の独禁法は「持株会社の設立」を禁止（九条）するなど厳しい内容であった。さらに加えて、その一〇条において事業会社による他社の株式所有を原則禁止していたという点でも、他国にはまったく例を見ない法律であった。つまり、一般に事業会社は他社株所有を許されないから持株会社を設立できない。それどころか、子会社や関係会社すら一切持つこともできなかったのである。

この一〇条がようやく緩和されて他社株の所有が解禁されたのは同法の第一次改正の一九四九年（さらに第二次改正、一九五三年）であった。いうまでもなく、解禁されるやすぐに、旧財閥系の大企業が、あるいは当時の繊維、造船、鉄鋼、化学、電機などの大企業が先を争うようにして優良な関連企業の株式を保有し、それらを囲いはじめたのである。そして、それにともなって、一九五〇年代はじめの新聞や経済雑誌などには、「財閥復活」と並んで「系列」の言葉が踊りはじめた（下谷政弘『持株会社と日本経済』）。あるいは、「〔昭和〕二七年頃から企業系列なる名称での独占体の産業支配の動きが顕著となり、ジャーナリズム等を賑わすものとなった」のである（藤田敬三「企業系列総論」『経営セミナー』No.16、一九五八年、二頁）。

さらに、同じ頃に中小企業庁がいわゆる「企業系列診断」をスタートさせた影響も大きかったであろう。たとえば、その『機械器具工業系列診断要領』（一九五二年）には「この要領は機械器具工業における親工場とその関連工場（下請け工場）群を含む企業系列全般の診断を実施するためのものである」、と記されていた。この「系列」の語や本書の第４章で取り上げる「重化学工業」などのように、今日さかんに使われる経済用語のなかには第二次大戦をまたがって形作られてきた用語も少なくないのである。

8　「事業部」の名づけ親はだれか

今日における企業の経営組織の一つとして、日本でも事業部制がポピュラーなものとなっている。では、いわゆる「事業部」のことをなぜ「事業部」と呼ぶのだろうか。そう名づけたのは一体だれなのか。また、なぜ、その名称によって広まっていったのだろうか。

実は、さきに見たＡ・チャンドラーの著作“Strategy and Structure”こそは、一九二〇年代にアメリカの大企業（デュポン、GM、スタンダード石油など）において新たに登場した「事業部制組織」（multidivisional system）について初めてくわしく取り上げた著作であった。それまでの企業組織といえば、一般的には、職能（製造、販売、仕入れ、人事、経理など）ごとに仕切られる「職能別組織」（functional system）が普通であった。企業経営者はそれらの職能を上から束ねて管理したのであり、長い間、職能別組織こそがもっとも自然発生的でかつプリミティブな企業組織のあり方であった。

職能別組織から事業部制へ　しかし、第一次大戦後のアメリカ大企業の一部で新たな変化が生じた。製品の多角化や販売市場の多様化が急速に進展したのであり、また、それにともない組織が肥大化し複雑化した。そのことによって、旧来の集権的な職能別組織のままでは管理系統が混乱し業務が錯綜しはじめたのである。そこで、新たにデザインされたのが「事業部制組織」であった。

新たな組織においては、それぞれの事業分野（製品分野あるいは市場分野）ごとに一連の職能群がまとめられることになった。また、それにともない、それぞれの事業部には当該事業に関する意思決定の権限が委譲されるようになった。つまり、独立採算を行う自律的な事業単位（利益責任単位）へと再編されたのであり、したがって、事業部制組織は分権的事業部制組織とも呼ばれる。

以上のようにして、事業部制といわれる組織のオリジンは一九二〇年代のアメリカで作られた。

事業部制はアメリカの大企業において構想され、しだいに世界の各国に広まっていったのである。しかし、日本では遅れて、事業部制組織が普及しだすのはようやく戦後の高度成長期、つまり一九六〇年代のことであった。それまでの日本の大企業においては、戦前の一九三〇年代以降、経営組織の分権化という要請に対しては事業単位を本体から切り離す「分社化」という手段で解決するのが一般的であった。

松下電器の「事業部制」　しかし、第二次大戦前における例外的なケースとして、松下幸之助による「事業部制」の歴史が注目される。一九三三年、まだ個人企業であった松下電器製作所はいわゆる「事業部制」を導入した。かれは、それまでに手がけてきた「事業」の全体を製品分野ごとに三区分し、第一、第二、第三事業部と名づけて（翌年には第四事業部も）、それぞれを独立採算による自主責任経営の単位としたのである。同製作所の「事業部は、それぞれ傘下に工場と出張所を持ち、製品の開発から生産販売、収支までを一貫して担当する独立採算の事業体になった」（『松下電器五十年の略史』一一二頁）。とはいえ、この松下電器製作所の先駆的な「事業部制」は、一九三五年の松下電器産業㈱への改組と同時にすべてが子会社として分社化されてしまった。戦前唯一のケースであったその試みは、わずか二年半ほどのものにすぎなかったのである。

それはともかく、そうした独立採算の分権的な事業別の組織を「事業部」と命名したのは松下幸之助であった。かれは、フォード・システムなどについては関心を寄せ勉強していた痕跡がある。しかし、アメリカの multidivisional system については何らの情報も持っていなかった。松下電器製作所の場合、「経営の実践的必要上からこの制度を自然とり入れてきたのであり、他の企業のごとく、アメリカで発展した理論を導入し採用し〔た……〕状態とは趣を異にしています」（松下電器「社史資料」No.3、五九頁）。

今日では、英語の division は「事業部」と訳されている。ここで一つ問題としたいのは、日本の経済界が第二次大戦後にアメリカ視察から学んで multidivisional system を導入した際に、いったいどのような経緯によって、それをかつて幸之助が命名した「事業部」という名で一般的に呼ぶようになったのかである。かつて関西の一経営者が素朴に名付けた「事業部」という名称は、はたして、その後にどのようにして一般名詞となって広まっていったのであろうか。

訪米使節団の「報告書」 今西伸二『事業部制の解明』（一九八五年）には次のようにある。「戦後、四八年、日本生産性本部より米国に派遣された米国経営視察団（団長石坂泰三）の報告書のなかで、米国における事業部制が紹介され、企業経営者や学者の注目を集めた」、と。しかしながら、日本生産性本部が創立されたのは一九五五年のことであり、同使節団が派遣されたのも同年九月のことであった。また、その報告書のなかで「事業部制」という用語が使われていたというわけでもない。「事業部制」という用語はまだ一般的なものとはなっていなかった。五一年にはスタンダード石油会社の「マネジメント・ガイド」が翻訳されて、「〈組織部〉という新しい概念がわが国に紹介された」（今西、五九頁）、ともいう。

この石坂使節団（トップ・マネジメント視察団）の「報告書」は、翌五六年に『繁栄経済と経営』と題して公刊されている。それをみると、なるほどテイラーの科学的管理法やフォードの大量生産方式、あるいはオペレーション・リサーチやヒューマン・リレーション、またフォアマン（職長）制度、などなど、アメリカのさまざまな「科学的経営」について学んだことがわかる。「アメリカの産業は、科学と実際の応用面とが実にうまく結合している。カンとか腰だめで仕事をしていない」（石坂団長談話」（『生産性運動五〇年史』四五頁）。

しかし、同報告書でのいわゆる「事業部制」の紹介についていえば、これらのさまざまな「科学的経営」に関する言及に比べれば必ずしも多くない。同報告書から事業部制に関連する部分を引いておくと、たとえば「企業の大規模化、複雑化に伴いワンマン・コントロールがむずかしくなり、経営機能の分化、これに応ずる権限の委譲が……行われるようになった。今日のアメリカの大企業経営においては……強い個性を中心とした個人事業的な企業経営の時代は去って、思慮深い、粒揃いの幹部が各々その智能を発揮し、よいチーム・ワークのもとに、科学的、組織的、合理的に企業を経営する時代に変ってきている」。

あるいは、具体的にゼネラル・エレクトリック社の実例を説明しながら、「同社では経営機能の分化がみられる。すなわち、ほとんど一〇〇に近い部門が各々独立した権限をもつとともに、それが二二のディビジョンに統合され、さらにそれが四つのオペレーション・グループと一つのディストリビューション・グループに統括されている」。「こうして経営の機能と責任とが多くの経営幹部の間に分散され、経営方針、長期計画の決定がいわばグループの責任において行われるようになってきたため、その頂点に立つ経営首脳者たちには、独裁的な、中央集権的な経営組織の場合とは異なり、新しい資質が要請されている」（『繁栄経済と経営』一〇九、一一〇頁）、などなど。

以上のように、石坂使節団の「報告書」ではいわゆる「事業部制」に関する紹介は概説的なものであり、また「事業部」という用語もまだ使われていなかった。

こうしたなかで、松下電器産業が戦後の再建を終えて、かつての事業部制をふたたびスタートさせたのは一九五〇年三月のことであった。松下電器の事業部制について調べていると、ひとつ不思議なことに気が付く。つまり、同社はその後の一九五三年に初めての社史『創業三十五年史』を刊行している。そのなかで、戦後に再スタートさせたこの「事業部制」については、「新発足した三事業部制の内容、職制は概略つぎの通り……」（九六頁）、などのように説明しているからである。あるいは、同社史のなかでは、なぜか、戦前の一九三三年に先駆的に導入したはずの「事業部制」については一言もふれていないからである。

「事業部制」の普及　日本の一九五〇年代当初にはまだ「事業部制」は広まっていなかった。

たとえば、「五五年現在において事業部制組織を採用するわが国企業は……一〇社に満たず、まだ一般に普及しておらず、採用企業も比較的関西に多かった」、という。その後、ようやく「五〇年代後半から六〇年代前半にかけて、日本経済の高度成長に伴ってわが国企業の経営規模は拡大し……製品・事業の多角化が進められた。このため……組織改革の必要性が増大し、各種の組織対策が講じられた」。さらに、「六〇年代後半になると、ドラッカーや通産省産業合理化審議会の答申などによって、職能別組織の組織上の諸問題を解決する方法の一つとして事業部制組織の採用が推奨せられ……わが国企業のなかに〈事業部制ブーム〉が起こった」（今西、前掲書、六〇、六一頁）、という。

P・ドラッカーの名著"The Practice of Management"（1954）が日本で翻訳され『現代の経営』として刊行されたのは一九五六年のことであった。しかし、同書のなかでは事業部制のことはもっぱら「連邦的分権制」という名で呼ばれていた。他方、一九六〇年の通産省企業局による報告書「事業部制による利益管理」では、明確に「事業部制」という呼び方が定着していたことがわかる。

このようにして、日本では、一九五〇年代後半から六〇年代前半にかけてアメリカの multidivisional system にしだいに注目が集まるようになった。それまでの職能別組織にかわる新たな組織として期待がかけられたのである。その際に、おりしも松下電器産業が一九五〇年に再スタートさせた「事業部制」の中身がアメリカのそれと内容的に符合していることが知られはじめた。そこで、そのことがまず関西圏の企業仲間の内で評判となって、新しい組織形態を同社が用いてきた「事業部制」という名で呼ぶようになったのではないかと推測される。関西企業の一つ、久保田鉄工所（現クボタ）では、一九五〇年六月に「社長通達によって〈事業部長制新設の件〉が発表された」（占部都美『事業部制と利益管理』三八一頁）、という。もちろん、その後になって、松下電器産業の内部においても自社が戦前の一九三三年に試みたという歴史的事実の重要性が再認識されたことにより、「戦前唯一の事例」として世に喧伝されるようになったのではないだろうか。

9　「コンビナート」と「多角化」

もともと日本になかったものを、西欧の原語をそのまま用いてカタカナで表現されてきたものも多い。今日では、周知のように、とりわけ経済学関連の専門用語のなかにはカタカナ用語が無数に氾濫するようになっている。

近年のケースで一例を挙げれば、たとえば「コングロマリット」（conglomerate）があった。一九六〇、七〇年代のアメリカで流行した企業形態である。技術的な相互関連性の有無に頓着することなく、事業の買収を繰り返し急成長した多角的な「複合企業体」や「多市場企業体」などという意味で用いられる。あるいは、「どんな会社でも手当たり次第に呑み込んで、急速に成長する〈怪獣的〉会社」ともいわれた（佐藤定幸『コングロマリット』一二頁）。この「コングロマリット」は、元来は地質学の専門用語でいう「礫岩」の意味であった。それが「種々雑多なものの集合体」にも使われ、今日では経済用語の一つとしても転用されるようになっている。

それ以前のケースでも、たとえば同じように「コン――」で始まる用語として「コンビナート」や「コンツェルン」などがあった。「コンツェルン」については第5章でまとめて取り上げる。ここでは「コンビナート」について少しだけ見ておこう。

「コンビナート」の導入　「コンビナート」（「コムビナート」とも）というカタカナ語は、第二次大戦後の一九五〇年代に石油化学工業とともに日本に入って急速に広まった。つまり、それが「わが国において一般に広く知られるようになったのは……〈産業構造の高度化〉〈重化学工業化〉政策の一環として形成せられてきた石油化学コンビナートによるところ大であろう」（石田和夫『コンビナートと労働の研究』一七二頁）。当初は、たんに「コンビナート」といえばそれは石油化学コンビナートのことでもあった。燦然と銀白色に輝く各種の反応塔、合成塔、タンクなどが縦横にパイプで連結された斬新な景観は、伝統的な工場建屋の内にこもってきた日本の化学工場（装置産業）のイメージを刷新するのに十分であった。「コンビナート」の語は、まさしく戦後日本における重化学工業の発展を象徴するキーワードとして広まった。

その後、「コンビナート」は鉄鋼コンビナートなども含めて、各種の大型工場プラントが有機的に一地域に密集するものをも広く指す日本語として定着してきた。さらには、いわゆる「工業地帯」の別名として使われることもあった。また、そこに参加する企業間の結びつきについても関心を呼んできた。

とはいえ、この語が入ってきた当初、「コンビナートの概念は文字通り百花滄溟の状態」であったという。たとえば、「日本経済新聞社《日本のコンビナート》（昭和三七年）はコンビナートの定義を一一、種類に整理しているが、その定義はその後の一〇年間にさらに増加したであろう」（堀江英一「結合企業の重層性」三頁）。まさしく「コンビナートこそ、産業構造、産業・企業組織、経営構造、ひいては外部経済とのかかわり合いの姿など、高成長・自由化・技術革新という新しい次元での日本の工業化過程に付随するあらゆる問題点を浮き彫りにしている」（『日本のコンビナート』一頁）。

「コンビナート」とコンビネーション　「コンビナート」комбинатは、周知のようにロシア語である。それは、英語のcombinationやドイツ語のKombinationなどと同じ意味内容のкомбинацияから、おそらくは一九二〇年代になって派生して生まれた新語であったろう。それ以前には、今のところその語は見つからない。たとえば、комбинатの表記出現が初めて確認できるのは、一九二三年刊の雑誌に掲載された地方政府による発電所の電力有効利用に関する文書中であった（"ЭлектриФикация" No. 4, 1923, p. 34)。

したがって、一九一七年に出たレーニンの『帝国主義』では、「コンビナート」ではなく「いわゆるコンビネーション」が、最高の発展段階に達した資本主義のきわめて重要な特質である」として取り上げられ、「これはすなわち、あるいは原料加工の一貫した諸段階をなすか、あるいは相互に補助的な役割を演じる種々の工業部門を一個の企業に統合したものである」（宇高基輔訳、岩波文庫、三二頁）、と説明されていた。すなわち、レーニンは「コンビネーション」の語によって、二〇世紀初頭の資本主義において「生産の集積と独占」や生産過程の統合が急進展していることを指摘していたのである。

したがってまた、この「コンビネーション」は、リーフマンやヒルファディングらの議論とも同じように、独占的な企業結合組織とされる「カルテル、トラスト、コンツェルン」の議論との絡みのなかで使われてきた用語であった。つまり、それは現在の日本語の「コンビナート」が意味するものとは必ずしも中身が一致していない。ちなみに、今日のロシア語の辞典によれば、Комбинат とは⑴企業の垂直的な複合体、⑵一つの建物に入る種々雑多な零細事業の集合体、⑶幼稚園から大学までの集合的教育体系、などをいう。

ところで、日本の「石油化学コンビナート」は、第二次大戦後に欧米からの石油化学工業技術の導入によってスタートした。なぜ、それをロシア語の「コンビナート」で呼ぶのだろうか。

戦後の一九四八年に刊行された『体系経済学辞典』（東洋経済新報社）には、早くも「企業結合（コムビナート）」の項目が登場する。そこには、「その生産が相互に補助的である諸企業が、技術的見地から結合して一つの生産的単一体を形成したもの」とあり、有名な「ウラル・クズネツ・コムビナート」など、ソ連の数次にわたる五カ年計画の成果が並べられている。

実は、「コンビナート」というロシア語は、日本の一部で、すでに第二次大戦前からソ連の五カ年計画に関する情報とともに知られていた。また、カタカナ語の「コンビナート」という表記についても、たとえばイ・ブリューミン（И. Блюмин）の"Капиталистическое Комбинирование"（1934）の翻訳書、『多角形企業論』（松崎敏太郎訳、一九三七年）のなかに発見することができる。しかしながら、同書の内容を見ると、原著のタイトル（『資本主義的コンビネーション化』）が示しているように、さきのレーニンらと同じくマルクス経済学の系譜に連なるものであって、「資本主義的コンビネーション」に対しての批判そのものであった。同訳書のなかでは、いわゆる「コンビネーション」は「コンビナート」と訳出されていたが、それは必ずしも今日のカタカナ語でいう「コンビナート」ではなかった。

以上のように、もともと「コンビナート」とは「コンビネーション」から派生したロシア語であった。それは、二〇世紀初頭に顕著となった「生産の集積と独占」の一つの象徴として、企業もしくは工場などが一部の巨大資本に集中されていく新たな現象を表現するのに用いられた用語であった。それが、戦後の日本では、カタカナ語として工場プラントが有機的に一地域に結合するものを指すように変化している。つまり、特定の限定的な意味をもつよう変化してしまったわけである。

戦前日本の「工場群」　さて、今日の日本語でいう「コンビナート」的なものはもちろん戦前の日本にもなかったわけではない。戦前、もっとも大規模かつ典型的なものとしては、朝鮮の興南に日本窒素肥料（野口遵）が展開した一大化学工場群があった。あるいは、三井三池の化学工場群などもそうであったろう。

たとえば、東洋一のスケールを誇った日窒コンツェルンの「興南の工場群はいわゆる電気化学工業の工場で……あらゆる種類の工業薬品が原料として駆使せられ……これらの化学薬品がいわゆる芋蔓式に組合わされあらゆる方向に発展して行つた」。そこでは、多くの関係会社が「有機的に一体となり運営され……各会社各工場間は送電線はもちろん、水のパイプ各種原料ガスのパイプで縦横に連絡せられ、また局鉄引込線、新興鉄道、トロ線、トラック等の輸送網……ここに百花燎爛たる化学工業の一大群落が形成せられた」（『化学工業』興南工場特集、一九五一年一月号、九九頁）、という。

しかし、当時、これらはまだ「工場群」ではあっても、「コンビナート」とは呼ばれなかった。「コンビナート」の語は、前述したように、戦後の石油化学工業の導入とともに一般化したのである。

「多角化」と「多角経営」 以上のことと関連して、ここではさらに「多角化」や「多角経営」の語についても少しふれておこう。すなわち、「多角化」や「多角経営」などの語がさかんに使われるようになったのはいったいいつごろからのことだろうか。

そもそも「経営の多角化現象がアメリカで問題となったのは反トラスト法の対象となる〈企業合同〉を考えるところから出てきた」、とされている。すなわち、さきに見た「事業部制」の歴史とも絡むことになるが、「'diversification' という語が用いられるようになったのは、アメリカでは一九二〇年代後半に……企業結合が活発になり始めたころからである。そして、一九三〇年代には技術進歩に伴う新製品の続出、代用品の出現という現象と相まって、製造面での多角化が行われるようになった」（玉永一郎『〈経営多角化〉研究の発展』序文一頁）。

日本の場合、多角的な企業体といえば戦前の「財閥コンツェルン」の存在が想起されよう。「財閥」は学界では「家族同族の所有による多角的事業体」などと定義されている。なかでも、いわゆる三大財閥と呼ばれた「三井、三菱、住友等の如き、重工業に軽工業に或は金融に商業等、凡ゆる事業部門に鶴翼を張る完全綜合型大財閥」（『日本コンツェルン全書』第一巻、二頁）は、まさしく「多角的事業体」の典型的な存在であった。

しかしながら、一九三〇年代前半までは、戦前の財閥に関して書かれた書物のなかには「多角化」や「多角経営」などの用語はほとんどまったく出てこない。

たとえば、一九三〇年刊の高橋亀吉『日本財閥の解剖』にはそれらの語はまだ登場しない。一九三〇年代後半になってシリーズとして刊行された『日本コンツェルン全書』の各巻においても同様である。財閥の事業の多角化について説明しようとする場合、そこでは、たとえば「三井財閥は維新以来上昂一方をたどり、更に日清日露の戦を経て、その事業触手は益々拡がりその金融システムの威力は日本一となつた」（同『全書』第二巻、一二三頁）、などの表現がとられていた。あるいは、「三菱会社といふ単細胞は……強烈な勢で分裂増殖を開始……次第に海運業以外の諸事業にも触手を伸しはじめ三菱財閥の形成期に入る」（同『全書』第三巻、九〇頁）、と表現されている。あるいは、住友についても、「工業から嫡出子的に、系統的に、芋蔓式に一貫して発達し、現在の事業網を形成した」（同『全書』第四巻、一七頁）、などと叙述されていた。

すなわち、あたかも「多角化」や「多角経営」などの語はまだ馴染みの薄いものであったかのごとく、別の文学的な表現がとられてきたのである。

さらには、事業の多角的展開においてより典型的だとされる「新興コンツェルン」（同『全書』第十一巻）についてはどうであったろうか。そこでも、「芋蔓式経営」などという語は何度か出てくるものの、やはり「多角化」や「多角経営」などの表現は登場しなかった。それは、当時の財閥研究がまだジャーナリスティックなものであったからであろうか。管見するかぎりでは、同シリーズの中ではただ一箇所だけ、「コンツェルン的多角経営形態」（同『全書』第一巻、一二頁）という表現が現れるにすぎない。

流行言葉《はやりことば》の「多角経営」　しかし、他方、一九三七年刊の小島精一『日本重工業読本』には「企業の膨張と多角経営化の途」という章がおかれていた。あるいは、月刊誌『科学主義工業』は当時の企業組織や技術変革に関する興味深い記事内容で知られるが、いくつか「多角経営」の語が登場している。たとえば、一九三八年六月号には、「多角経営を行ひ企業の規模が大となり活動内容が複雑となるときは、連絡統制を保つて之を経営してゆく事が甚だ困難となる……多角経営はコンツェルンと同義ではない……コンツェルンは多角経営と大規模生産とを調和する」（田杉競「日本の工業化と新興コンツェルン」一九二頁）、などとある。

さらには、中野友禮（日曹コンツェルンの創始者）の著作『これからの事業・これからの経営』（一九三八年）を見ると、「最近の流行言葉《はやりことば》に〈多角経営〉と云ふのがある……多角経営といふのを一言で云へば色々の事業をやることであらうが……例えば保険会社と電車を経営する、或ひは土地会社と重工業を兼営する、これは多角経営とは云へない。つまり、八百屋式或ひはデパートメント式の遣方《やりかた》であつて、多角経営ではない」、また、「多角経営は、或は芋蔓式経営とも云はれてゐるが、私のところは……最初から多角経営によつて生きようと思つたのではない」（一一四、一二八頁）、などとある。

さらに、時代が下がって一九四〇年代にもなると、同じ『科学主義工業』（一九四〇年六月号）では「多角経営の会社を覗く」というタイトルの特集が組まれるようになる。また、一九四三年に刊行された柴村羊五『日本化学工業史』（栗田書店）や鴨居悠『野口遵』（東晃社）などを開いてみても、たとえば前者では「化学工業は巨大な結合経営乃至多角的経営によつて展開せられ……」（八四頁）とある。後者においても、「（興南工場は）野口氏一流の相互連関的経営を行つて居る。世人これを称して〈日窒の芋蔓式経営〉といつて居る」（二五九頁）ともいうが、同時に、「ベンベルグ絹糸事業は日窒アンモニア工業の多角的発展の著しいもので、いはゆる芋蔓的経営の典型を行くものである」（一九八頁）、とも述べていた。すなわち、まだ「多角化」あるいは「多角化する」という動詞的な用語法は見当たらないものの、「多角経営」という用語については一九三〇年代後半には一種の「流行言葉《はやりことば》」となって、四〇年代にかけ大いに広まっていったように思われる。

ちなみに、「多角農業」という語もあり、それは「土地と労力とを巧みに配分して多種の作物を栽培し、また園芸、養鶏、酪農などを合わせ行なって増収をはかる農業経営」（『日本国語大辞典』）のことであった。すでに一九三三年刊の『新聞語辞典』のなかには「多角農」が採集されており、「多角形農法の略」とある。無論、「多角形」という日本語そのものは古くからあったことばであろう。一九三〇年代の日本社会では、経済ブームを迎えて事業の多方面進出がさかんになったが、それに応じてまず「多角形経営」や「多角形農業」などの表現が生まれたのであり、しだいにそれらが「多角経営」や「多角農業」へと転じたのではないかと推測される。さきのイ・ブリューミンの翻訳書のタイトルも『多角形企業論』であった。

なお、今日、事業の「多角化」をあらわす用語として、中国では一般的に「多元化」という表現が使われている。韓国ではかつては「多辺化」が主流であったが、最近では日本と同じように「多角化」が普通となっている。

【参考文献】

阿川弘之・北杜夫編『齋藤茂吉随筆集』岩波書店、一九八六年
安部悦夫「企業の境界〈市場と組織の相互浸透〉」『明治大学社会科学研究所紀要』第51巻1号、二〇一二年
安倍惇『為替理論と内国為替の歴史』柏書房、一九九〇年
石田和夫『コンビナートと労働の研究』汐文社、一九七〇年
石綿敏雄「現代の語彙」『語彙史』一九九九年
今西伸二『事業部制の解明』マネジメント社、一九八五年
植田浩史「戦時経済下の〈企業系列〉整備」大阪市大『季刊経済研究』第18巻第4号、一九九六年
占部都美『事業部制と利益管理』白桃書房、一九六九年
樺島忠夫・飛田良文・米川明彦編『明治大正　新語俗語辞典』東京堂出版、一九八四年

齋藤毅『明治のことば――文明開化と日本語――』講談社、一九七七年
佐藤喜代治『日本の漢語』角川書店、一九七九年
佐藤喜代治編『国語学研究事典』明治書院、一九七七年
佐藤喜代治編『講座日本語の語彙』10巻（語誌Ⅱ）明治書院、一九八三年
佐藤定幸『コングロマリット』毎日新聞社、一九六九年
眞田治子『近代日本語における学術用語の成立と定着』絢文社、二〇〇二年
島田克美『系列資本主義』日本経済評論社、一九九三年
下谷政弘『日本化学工業史論』御茶の水書房、一九八二年
下谷政弘『松下グループの歴史と構造』有斐閣、一九九八年
下谷政弘『持株会社と日本経済』岩波書店、二〇〇九年
社会経済生産性本部編『生産性運動五〇年史』社会経済生産性本部、二〇〇五年
新村出『外来語の話』講談社、一九九五年
杉原四郎『日本の経済思想史』関西大学出版部、二〇〇一年
杉本つとむ『近代日本語』紀伊國屋書店、一九九四年
惣郷正明『辞書漫歩』朝日イブニングニュース社、一九七八年
惣郷正明『日本語開化物語』朝日新聞社、一九八八年
惣郷正明・飛田良文編『明治のことば辞典』東京堂出版、一九八六年
田杉競「日本の工業化と新興コンツェルン」『科学主義工業』一九三八年六月
高橋亀吉『日本財閥の解剖』中央公論社、一九三〇年

高村直助『明治経済史再考』ミネルヴァ書房、二〇〇六年
武田晴人『談合の経済学』集英社、一九九四年
玉永一郎『〈経営多角化〉研究の発展』広島修道大学総合研究所、一九八〇年
A・D・チャンドラー・Jr *Strategy and Structure* (1962)、三菱経済研究所訳『経営戦略と組織』実業之日本社、一九六七年
陳力衛「近代語と中国語」『近代日本語研究』(『日本語学』Vol.23) 明治書院、二〇〇四年
P・F・ドラッカー *The Practice of Management* (1954)、野田一夫監修『現代の経営』自由国民社、一九五六年
中野友禮『これからの事業・これからの経営』実業之日本社、一九三八年
中村秀一郎『系列を超えて』NTT出版、一九九二年
西山賢一『企業の適応戦略』中央公論社、一九八五年
日本経済新聞社編『日本のコンビナート』日本経済新聞社、一九六二年
日本生産性本部編『繁栄経済と経営』日本生産性本部、一九五六年
野村雅昭「造語法」『日本語9(語彙と意味)』岩波書店、一九七七年
馬場宏二『会社という言葉』大東文化大学経営研究所、二〇〇一年
早川勇『英語になった日本語』春風社、二〇〇六年
広田栄太郎『近代訳語考』東京堂出版、一九六九年
福沢諭吉『福翁自伝』『民間経済録』一九一七年
藤田敬三「日本産業における企業系列」大阪市大『経営研究』第29号、一九五七年

堀江英一「結合企業の重層性」『経済論叢』第108巻第1号、一九七一年
И・ブリューミン、Капиталистическое Комбинирование (1934)、松崎敏太郎訳『多角形企業論』叢文閣、一九三七年
丸山真男・加藤周一『翻訳と日本の近代』岩波書店、一九九八年
三輪芳朗、J・ラムザイヤー『日本経済論の誤解』東洋経済新報社、二〇〇一年
森時彦「生計学と経済学の間」京都大学人文科学研究所『東方学報』72号、二〇〇〇年
森岡健二編『近代語の成立　明治期語彙編』明治書院、一九六九年
柳父章『翻訳語成立事情』岩波書店、一九八二年
劉徳有『日本語と中国語』講談社、二〇〇六年

第2章　経済学と「理財学」
――明治期になぜ経済学は「理財学」と呼ばれたのか――

1　「経世済民」

今日の「経済」(economy)という言葉の由来についてはよく知られている。それは、かつて中国の古典漢籍で用いられた「経世済民」、あるいは「経世済俗」や「経国済民」などという熟語(連語)の短縮形であったという。すなわち、それはもともと「世を経《おさ》めて民を済《すく》う」の意味内容に理解できる言葉であった。今日まで、その例証の一つとしてよく引用されてきたのは、東晋の葛洪(二八三～三四三)による「以聡明大智、任経世済俗之器而修此事、乃可必得耳」(聡明大智を以て、経世済俗の器に任じて此事を修めば、乃ち得可きのみ)(抱朴子、地眞)、などである。

近年の馮天瑜の研究(二〇〇五年)によれば、中国では隋唐の時代以降に「経世済民」などのような連語がしだいに流行しはじめたという。また、唐代以降になると短縮語の形としての「経済」の語そのものも、たとえば「廟堂之上、無非経済之才」（『玄宗本紀』）のように、しばしば使われるようになったといわれている（馮天瑜、一六〇頁）。

このように、「経済」という用語のオリジンは中国の古典漢籍のなかに求められる。しかしながら、今日、日常一般に使われる日本語の「経済」にはそのような古典的な意味合いの痕跡はほとんど消えてしまっている。そこからは、それがかつて「経世済民」の意味内容をもつ熟語であったことを嗅ぎ取るのはもはや困難である。つまり、今日の日本語における「経済」がもつ意味内容は、古典漢籍の「経世済民」からではなく、むしろ西洋語（英語のeconomyなど）から来るようになっている。こうした事情に関して、陳力衛『和製漢語の形成と展開』（二〇〇一年）は、日本で「一旦外来の英語の概念（economy）に照らして訳語として成立すると、固定した意味概念が込められてきて勝手に字面通りに分解して理解できなくなる」（二七七頁）、というふうに述べている。

現代日本語の「経済」　以上のように、今日では日本語の「経済」がもつ意味内容はかつての漢籍用語のそれからは遠く隔たってしまった。むしろ、それは幕末・明治期に輸入された西洋語の概念をもとに鋳直されてしまった。現代の日本語の「経済」には「節約」や「家政」などといった意味内容も含まれており、たとえば、徳冨蘆花『思出の記』（一九〇一年）には「鈴江君の如きは余り経済家の方で無かつた」、などと出てくるが、この場合の「経済家」とは倹約家の意味であった。

それらの新たな意味は、英語などの西洋語（本来は古典ギリシャ語の*οικονομια*）の概念から生じたものであった。ちなみに、「政治経済学」（political economy）の名称についてはＪ・Ｊ・ルソー『政治経済学』の冒頭の説明が示唆的である。「エコノミー（ECONOMIE）という言葉は、オイコスoikos――家と、nomos――法から来たもので、元来は家族全員の共同利益のためにする賢明にして法にかなった家政を意味するものでしかない。この言葉の意味は、その後、国家という大家族の管理にまで拡張されることとなった」（河野健二訳『政治経済学』岩波文庫）という。

つまり、かつては「中国語の古典に使われ、漢籍本来の意味を持っていながら、今度は訳語として新たに意味を吹き込んでいく語も多い。その新しい概念に使うことが主になっていって、漢籍の出典との関連がますます薄らいでいく」ことになる（陳力衛、前掲書、二七六頁）。いわゆる「和製漢語」と称されるものの誕生である。まさしく、「経済」とはそのような日本語の一つなのであり、その典型的なケースでもあった。

「統治の術」　ここで一考すべきなのは、つぎのような問題である。すなわち、上に述べたように、「経済」という言葉がかつて「世を経めて民を済う」の意味内容であったとすれば、それは今日的な「経済」（economy）という概念とは異なっている。つまり、かつて「経済」とはむしろ広い意味での「統治の術」としての政治、もしくは政治道徳に通ずる言葉であった。「天下を経済する」などという表現はまさしくそのことを示していた。「江戸時代に於ては〈経済〉なる言葉は今日謂ふ所の経済なる言葉よりも一層広義に解せられ、政治・経済・社会全般に亘れることを指した……即ち経済の原理原則を考へるといふよりは、その時々の政治の是非を論じたものである」（本庄栄治郎『日本経済思想史研究』二～三頁）、という。言い換えれば、それは「内容的にも政治論か道徳論か、あるいは時事問題への対策が多く、原理的な経済学とはほど遠いもの」（杉原四郎『日本の経済思想史』一四四頁）であった。

たとえば、『大言海』を開いて「けいざい／経済」を調べてみよう。すると、その冒頭には「【経《ハカリ》国《ヲ》済《スクフ》世《ヲ》】㈠国家ヲ経営シ、世民ヲ救済スルコト。治国ノ術。政治ノ方」と書かれている。また、『日本国語大辞典』（小学館）を繰って「経済」という言葉を調べても、そこには第一の意味として、「国を治め、民を救済すること。政治」と明記されている。『漢字百科大事典』の「経世済民」を見ても、やはり、「世をよく治め、人民の苦しみを救うこと。また、そのような優れた立派な政治」とある。

すなわち、ここでの問題とは、かつて本来的に「統治の術」たる政治や政治道徳などを表現してきた「経世済民＝〈経済〉」の字句は、一体どのような経過をたどって今日的な「経済」（economy）を表す用語として使われるようになったのか、ということなのである。以下では、その具体的な経緯について検討してみよう。あわせて、幕末・明治期に新たに導入された西欧近代のいわゆる'political economy'が「経済学」と訳されることとなった事情を追いかけてみよう。

その際に、とくに興味深く思われるのは、明治の一時期に大学などの高等教育機関では「経済学」の語が敬遠され、「理財学」という用語の方が好まれたということであった。たとえば、東京大学では明治の一時期（明治一二～一六年）には、経済学関連の科目はすべて「理財学」という言葉に置き換えられていた。なぜ当時は、「経済学」でなくて「理財学」だったのだろうか。このことに関連する時代背景などについてもあわせて考えていくこととしよう。

2　「経世済民」から「一種の学文」へ

いうまでもないことだが、「経済」という言葉そのものはすでに江戸期にはさかんに用いられていた。たとえば、江戸中期の儒学者、太宰春台（一六八〇～一七四七年）の書物のタイトルはまさしく『経済録』（一七二九年）と名づけられていた。もちろん、この『経済録』における「経済」とはより広い意味合いで使われており、前述したようにいわゆる「経世済民」の短縮形であった。同書の書き出しにも、「凡《およそ》天下国家ヲ治ルヲ経済ト云、世ヲ経シテ民ヲ済フト云義ナリ」と表明されていた。あるいは、「経済《ケイザイ》トハ天下国家ヲ治ルヲイフ、学者ハ童子ノ時ヨリ経済ノ志ナクハアルベカラズ」(『倭読要領』)、とも述べられていた。

同様にして、江戸期の後半に活躍した佐藤信淵(一七六九〜一八五〇年)の『経済要略』(一八二七年)がある。そこにおいても書名に「経済」が含まれていたが、本文中には「経済トハ国土ヲ経緯シ蒼生ヲ済救スルノ義ナリ」と述べられていた。つまり、「信淵の経済学説は……経済に関する所説であつても農政や社会改良策と離すべからざる関係に在るものが少くな」く、「その経済学説なるものは……多分に倫理的意味を有するのみならず、また一面において神秘的な観念的な側面を有してゐ」た(小野武夫『佐藤信淵』七八、八二頁)。しかし、半面では「経済トハ国土ヲ経営シ物産ヲ開発シ部内ヲ富豊ニシ万民ヲ済救スルノ謂ナリ」とも表明されていたのである。それは、「信淵独特の経世済民の経済論であり学であった」(進藤咲子『明治時代語の研究』七〇頁)、という。

これらの他にも、江戸期のいわゆる「経世家」たちの著作として、たとえば青木昆陽『経済纂要』、海保青陵『経済談』、中井竹山『経済要語』、古賀精里『経済文録』、正司考祺『経済問答秘録』、本多利明『経済放言』、などなど、書名に「経済」の語を冠するものはけっして少なくなかった。それらはいずれもが基本的に「経世済民」の思想を表現したものであり、江戸期には伝統的な「統治の術」や政治道徳として「経世済民=〈経済〉」の思想が広く根付いていたことを示している。

ポリチカル・エコノミー　これに対して、大きな変化がもたらされるようになるのは、周知のように幕末から明治期にかけてのことであった。「江戸中期まで、日本の経世学者が用いた〈経済学〉という言葉は、大体、中国明清時代の〈経済学〉の意味と類似し、江戸末期になって初めて変化が生まれた。これは西洋術語の伝来と関係がある」（馮天瑜、一六六頁）。つまり、伝統的な「経世済民＝〈経済〉」に置き換えるようにして、新たに西洋の経済学が輸入されはじめたのである。西洋からの新学問は、「オランダ、アメリカ、イギリス、フランスを経由し、留学・邦訳・お雇い外国人という異なったコミュニケーションの手段を通じて導入された」（井上琢智『黎明期日本の経済思想』一三二頁）。こうした西洋からの経済学や経済思想の導入に関する当時のくわしい事情については、以下にも見ていくように、すでに先人たちの優れた研究成果が数多く蓄積されている。

さて、西欧近代の「経済学」について、たとえば福沢諭吉『西洋事情外編』（慶応三（一八六七年）ではつぎのように述べられていた。「〈ポリチカル・エコノミー〉経済と訳すの字は、其字義を以て事実の義を尽すに足らず。〈エコノミー〉とは希臘《ギリーキ》の語にて家法と云ふ義なり。家法とは家を保つの規則にて、家内百般の事を整理することなり。家事を整理するの術は無益の費を省くを以て大眼目とするが故に、〈エコノミー〉の文字は唯質素倹約の義にのみ用ゆることあり。上の〈ポリチカル〉の字は国と云へる義なれば、此二字を合せて〈ポリチカル・エコノミー〉と云ふときは、唯国民、家を保つの法と云へる義をなすのみ」。

このように述べてから、諭吉はさらに続けている。「経済は畢竟一種の学文にて、之を法術と云ふ可らず。マッコルロック氏云く、経済とは、物を産し、物を製し、物を積み、物を散じ、物を費すに、其紀律を設る所以の学文にて、即ち其物とは、或は必用なる物あり、或は便利なる物あり、或は人意を悦ばしむる物ありて、何れもこれを売買して価あるものなりと。又或人の説に、此学は資財の事情を説き之に由て生ずる所の物と又之を分配する法方とを論ずるものなりと云へり」（以上、『福沢諭吉全集』第一巻、四五七頁）。

以上のように、日本に西洋の経済学が導入された黎明期においては、「経済」という言葉はこれまでそうであったような「経世済民」の意味から急速に変化しつつあった。諭吉はいう。「抑も経済の大趣意は、人の作業を束縛するには非らずして、却て其天賦に従ひ、自由に其力を伸べしむるものなり」、と。また、それにすぐ続けて、「経済学の旨とする所は、人間衣食住の需用を給し、財を増し、富を致し、人をして歓楽を享けしむるに在り」（同前、四五六頁）、とも述べていた。

「経済学の定則」　こうして、「経済（学）」の語は、「物の生産、物の集散、交換、流通、消費、資本、分配等々を体系的に解明する学問に名付けられた訳語に変貌」（進藤、前掲書、七〇頁）しはじめたのである。それは、かつての「経世済民」的な統治の術や政治道徳論から離れて、経済事象そのものを対象とするものへと変化しはじめた。すなわち、たんなる「法術」などではなく「畢竟一種の学文」となりはじめ、しかも「其紀律を設る所以の学文」へと変貌することとなったわけである。この「紀律」ということについては、諭吉は別のところで「経済（学）の定則」という表現を用いている。たとえば——

「世界万有を察するに……経済の学に於ても亦一定の法則あること他に異なることなし。その定則の一班を窺ふときは……合して一体と為しその全璧を見れば、至善至美、尽さゞる所なし。故に是学も猶ほ他の生物論、地質論、本草学の如く、共に是れ地球上の一学科たりと雖ども、その理を窮《きはむ》るに至ては亦以て造化霊妙の仁徳を窺ひ見るに足れり。右の如く経済学の定則は、元と人造に非らず、又人為を以て之を変易改正す可きものにも非ら」（『福沢諭吉全集』第一巻、四五九頁）ず。

以上に見てきたように、「日本人の経済思想は、福沢諭吉において転換を見せた。それは、統治の術としての伝統的な経済論〈経世済民論〉から、西洋的な市場経済を基礎にした経済学への転換であ」った。あるいは、「諭吉が西洋の経済思想を受け入れたのは、日本の経済論には無いものをその中に発見したからであろう」。日本の経済論にはなかったもの、それはいったい何だったのだろうか。すなわち、「人事の世界に属する経済においても〈法則 law〉が存在し、その探求の仕方と利用の仕方において、自然界の〈法則〉に異なることはないという見方がそれであったと考える。福沢の言葉では、〈経済の定則〉あるいは〈経済学の定則〉である」（以上、八木紀一郎「福沢諭吉」一三～一四頁）。

3 「経世済民」論から「経済の定則」へ

以上のようにして、幕末から明治期にかけて「日本人の経済思想」は大きな転換点を経過することになった。とりわけ、経済学の内容を「経済の定則」を追求するものとして新たに位置づけた点に大きな意義を見出すことができよう。しかしながら、ここで注意しなければならないのは、その転換プロセスは必ずしも一足飛びに、「伝統的な経済論〈経世済民論〉」から「西洋的な市場経済を基礎にした経済学へ」となされたわけではなかった、ということである。

ある論者は、「明治維新以降の思想状況を、西洋的近代思想の独壇《（ママ）》場と解することは事実に反するであろう」として、つぎのようにいっている。「確かに西洋の思想・学問は思想界・学界の中心的地位を占め、これとは対照的に、江戸時代の思想・学問は権威を失い、儒教でさえも普遍性を否認されて〈漢学〉となってしまった。しかし……江戸時代の人間観・社会観・倫理観あるいは思惟様式・基軸的価値は、皮膚感覚的な本音として生き続けていたと想定する方が自然であろうし、おそらくこのことは知識人にも当てはまるのではないかと推測される」（川口浩「日本の経済思想世界」一三頁)。

「勝手・世帯」「暮らし向き」　あるいは、「経済」の用語そのものについても、つぎのような指摘がある。たとえば、「一八世紀にはいると日本は貨幣経済の時代にはいり、ヨーロッパの economy（オランダ語 huishoudelijkheid）と同質の用語として〈経済〉が用いられるようになった。俗語の〈勝手・世帯〉〈暮らし向き〉なども同じ用法がみえ、一九世紀前半には現代の〈経済〉とほぼ同質の意味としての〈経済〉が確立。従来この点はみすごされている。現代語の〈経済〉は江戸後期に淵源する」（杉本つとむ『語源海』二六三頁）、と。

つまり、「経済」の用語は、西欧の経済 economy が入ってくる以前から、すでに「経世済民」一辺倒の状況を脱しはじめていた。それは徐々にではあるが、むしろ経済的な事象を中心とするものへと自己転換しつつあったという指摘である。「その用法をしらべてみますと、ことばの意味の変化、ニュアンスのひだが、人により時によっていろいろと異なるかげをおとし、暮しや生活のまかないの意を〈経済〉がおびてきたことがわかります」（杉本つとむ『語源の文化誌』一三三頁）。別の論者もつぎのようにもいっている。「徳川時代末期に近づくにつれて、経済問題の重要性がますます増加し、やがて〈経済〉が〈政治〉より分離し、区別され、それぞれ独自に検討される傾向が生まれて来た」（島崎隆夫「日本経済思想の研究史」一一六頁）、と。

また、これらとほぼ同様の内容をつぎのように表現する論者もいる。「〔以上のような〕粗筋は、太宰春台《経済録》と佐藤信淵《経済要略》を線で結ぶとほぼ掴めます。一八世紀初頭に出た太宰の本は、全く経世済民論です……これに対して一世紀後の佐藤信淵では、本質的に昨日今日の〈経済〉になっている……無論、執筆のモチーフが良い社会の追求ですから、経世済民の枠が掛かっている……しかし太宰春台が理念の世界にいたとすれば、佐藤信淵は現実の世界に入っている。日本における〈経済〉の語義は、一八世紀初頭から一九世紀初頭にかけて、決定的に今日の意味の方向へ変わりつつあった」（馬場宏二「経済という言葉――意味・語源・歴史――」五〜六頁）、と。

　事実の推移はたしかにそうであったろうと推測される。「どちらも人間社会の現象ですから、政治と経済で相互に影響しあうことはいくらでもあるし、重なる部分もある」（馬場、二頁）。なるほど、さきに引用しておいたように、江戸後期の佐藤信淵の「経済トハ国土ヲ経営シ物産ヲ開発シ部内ヲ富豊ニシ万民ヲ済救スルノ謂ナリ」（『経済要略』）という叙述の内容をみるならば、それは明らかに一世紀前の太宰春台の「経世済民」論に比して経済的なトピックスを前面に押し出したものへと変化しているといえよう。

　この佐藤信淵『経済要略』について、馮天瑜はつぎのようにいう。「彼が述べているのは依然として経世済民の政治論であるが、その重点は物質財産の創造と分配においている。このような国の経済と人民の生活への検討に力を入れる経済論は……実学の精神が非常に興隆していることの表われであり、〈経済〉という言葉が近代的な意味へ転換する趨勢をも予示してい」（一六五頁）

た、と。

もちろん、反面では、そこにはまだ多分に「経世済民の枠が掛かってい」たということも指摘できるのである。あるいは、より問題とすべきなのは、たんに経済事象に関する言及の多寡の変化だけではないであろう。「経済」が「畢竟一種の学文」へと、しかも体系的に「其紀律を設る所以の学文」へと、どれほど変貌したかの方がより重要であるように思われる。

「経済学事始」　それでは、はたして誰が最初に、「畢竟一種の学文」として「経済」という用語のなかにそのような新たなる意味内容を吹き込んで使いはじめたのであろうか。

幕府は、江戸末期の一八六二（文久二）年に、さきに発注しておいた軍艦建造の立会いと引き取り作業、および軍事技術や医術などの習得を目的として、西周助（のちの西周）や津田真一郎（真道）ら一六名をオランダへ派遣している。そのなかで、「西と津田はライデン大学教授フィッセリング（S. Vissering）から、国家学の基礎として自然法・国際法・国家法・統計学とともに経済学を学んだ。これこそ〈経済学事始〉と呼ぶにふさわしい出来事であった」（井上琢智『黎明期日本の経済思想』一三二頁）。

なるほど「経済学の体系的学習という意味では、オランダ留学はまさに〈経済学事始〉だった」。しかし、「西における西欧経済学との接触は……それ以前にすでにみられた」（杉山忠平『明治啓蒙期の経済思想』三五頁）、という指摘がある。つまり、西はオランダ留学の直前に松岡鏻次郎に宛て手紙を書き、その中でつぎのように述べていた。「小生頃来西洋之性理之学、又経済学抔《など》之一端ヲ窺候処、実ニ可驚公平正大之論ニ而……」（『西周全集』第一巻、八頁）。この文面からも明らかなように、西は、「性理之学」（＝哲学）と並んで彼を驚かせた「公平正大之論」たる西洋の経済学を、早くも自ら「経済学」と名づけて呼んでいたことがわかる。

しかし、その西周が著した『百学連環』によれば、「今ホリチカルエコノミーといふときは即ち国家の制産に係はるところなり。近来津田氏世に之を訳して経済学と言へり」（『西周全集』第四巻、二三五頁）、とある。すなわち、西は「経済学」とはそもそも津田真一郎による訳語だと指摘していた。前述したように、西と津田は日本最初の留学生の一員としてオランダに留学したが、彼の地で一八六三（文久三）年から師事したフィッセリング教授との間で取り決めた「書付」が残っており、その「書付」のなかで、津田がオランダ語の staatshuishoudkunde（国家財政学）を「経済学」と訳していたからである。

しかしながら、その「書付」の前年には『英和対訳袖珍辞書』が刊行されており、そのなかにすでに「経済学」という訳語が掲載されていた、という事実もある。ところがまた、その辞書の刊行には津田自身も関与していた、などという事実も指摘されている。結局のところ、「それが津田の命名であるのか、他の洋学者のそれであるのか、はっきりしない」（進藤咲子、前掲書、六九頁）、というのが実際のところなのであろう。

ちなみに、明治の初年の頃にもっとも広く読まれた経済書の一つはウェイランド（Francis Wayland）の“The Elements of Political Economy”（1837）であった。諭吉はその一部分を自ら「経済学要論」と名づけて翻訳し、慶應義塾での講読教材として使っている。ウェイランドの同書に関連しては、のちに、「その冒頭に“Political Economy is the Science of Wealth”という定義が掲げてあるので、一時〈富学〉という語を用いた人もあったが、これではいささか金儲けの学問と聞える弊があるとて、広くは行われず、異論はありながらも、やはり〈経済学〉と言うておったのである」（穂積陳重『法窓夜話』一九四頁）、という指摘などもある。

4　大学における「理財学」

ところで不思議なのは、明治期には大学などの高等教育機関においては、なぜか「経済学」という用語が学問の名称としては敬遠されていたという事実なのである。明治の一時期、日本の高等教育機関においては、「経済学」よりはむしろ「理財学」の方が好まれた。あるいは、「理財学」の方が「経済学」より優勢を占めた時期があったという。たとえば、明治二六年に刊行された『日本大辞書』によれば、「経済学」とは「理財学ト同ジ語。けいざいがくノ語ハモハヤ廃語ニ近クナリ、其代ハリニ同ジ意味トシテりざいがくノ方ガ行ハレテキタ」、という指摘さえある（『明治のことば辞典』一三一頁）。

「理財学」　この「理財学」という用語は、当時、井上哲次郎・有賀長雄の『哲学字彙』（一八八一年）のなかにも見出すことができる。そこでは、Economicsは「経済学」ではなく「家政、理財学」と訳出されていた。今日現行の『広辞苑』（第六版）を開いて「経済学」をみても、そこには「経済現象を研究する学問。旧称、理財学」、などとされている。

あるいは、『日本国語大辞典』（小学館）によって「理財学」について調べてみても、そこにはやはり「けいざいがく〈経済学〉の旧称」と書かれている。たしかに経済学はかつて「理財学」と呼ばれていたのである。そして、ここで注目すべきなのは、同辞典においてはさらに一歩踏み込むような形で、「明治前期には、英語のeconomicsの訳語としては〈理財〉を用いることが多く、〈経済〉に落ちつくのは後期になってからのことである」（一一三一頁）、と指摘されていたことである。

たとえば、「慶応義塾などでは理財科とか理財学会とかいわれていました。〈理財〉という言葉も明治の初めには使われていました」（杉原四郎『日本の経済思想史』一四五頁）、というわけである。または、「慶応義塾では明治二三年一月大学部を置き文学、法律、理財の三科を教授することとし、以て学科の程度を高めた」、という。あるいは、「専修学校（現在の専修大学）では明治二一年経済科を理財科と改めた」、などの叙述を見出すことができる（教育史編纂会『明治以降教育制度発達史』

第三巻、一二三六〜一二三七頁）。さらには、明治二〇年ころの明治法律学校（現在の明治大学）や関西法律学校（現在の関西大学）などで使われた講義録の中には「理財学」が見出されるという（杉原四郎、同前、四九、五三頁）。たとえば、明治法律学校ではフランスの法学者ジョルジ・アペールが明治一四年から「経済学講義」をはじめたが、「翌一五年から〈理財学講義〉を行」った、とある（『明治のことば辞典』五八九頁）。

私立の法律専門学校　明治一〇年代から二〇年代にかけては、私立の法律専門学校の設立が相ついだ時期であった。それらの多くは、以上のように法律学だけでなく経済学関連の科目も一部教授していた。「そこでは、もとより法律関係の講義が多数をしめてはいたが、経済学や財政学もかなり重視されていた」のである（杉原四郎「自由主義と歴史学派」一四二頁）。

さらには、地方有志の便宜を図るために「講法会」を設立して「校外生」に講義録を実費頒布するようになった。すなわち、「我邦維新創草……法科大学僅カ一アルノミ、其他私立学校ノ之ヲ教ユルモノナキニアラスト雖モ……官私ノ学校ハ概子府下ニアルカ故ニ地方有志ノ士ヲシテ講法ノ便ヲ欠カシムル……於是乎新タニ講法会ナルモノヲ設ケ」（明治大学法学部「講法会設立ノ趣意」）ることとなったのである。これらのなかで、「法学を主とする私学の鼻祖」（明治大学『明治大学六十年史』三頁）と自負する明治法律学校（明治一四年設立）について調べてみると、その講法会における経済学科目（明治二〇〜二六年）の名称はすべてが「理財学」となっていた。

以上の事柄について、それでは、東京大学（のちの帝国大学）においてはどうであったのだろうか。当時、東京大学においては経済学関連の科目名は一体どのように呼ばれていたのだろうか。

東京大学における経済学　東京大学が創設されたのは明治一〇（一八七七）年であった。そこでの最初の経済学科目は、まず文学部第一科（史学哲学及政治学科）に置かれ、翌一一年から御雇い外国人フェノロサ（Ernest Fenollosa）によって講じられた。これこそが「本学〈経済学〉の嚆矢であり〈経済学部〉の源流」（『東京大学百年史(1)』八七三頁）であった、というわけである。ただし、当時、「東京大学というのは医学や理学の一部だけは全国的に最も水準が高かったけれども……たとえば経済学教育では、はるかに慶應義塾の方が上でした」（寺崎昌男『東京大学の歴史』二二九頁）、という指摘もある。竹内洋『大学という病』（二〇〇七年）も当時の東京大学における教授陣の状況を興味深く描きだしている。

それはともかく、その後における経済学科目の所属についてみると、図にも示しておいたように、文学部の第一科（哲学政治学及理財学科）から第二科（政治学及理財学科）へと移され、さらには法政学部政治学科などの時期を経た後に、明治一九年、東京大学が「帝国大学」へと改称された際に文学部（文科大学）から法科大学政治学科へと移動している。さらに、明治三〇年に帝国大学は「東京帝国大学」となるが、四一年には政治学科から経済学科と商業学科の二学科が分離設置されて、ついには大正八（一九一九）年にいたって法学部から独立して「経済学部」が誕生

M10東京大学――	M19帝国大学――	M30東京帝国大学――	
M12文学部第一科 （哲学政治学及理財学科） 文学部第二科 （政治学及理財学科）	法科大学政治学科	M41法学科	T8法学部
		政治学科	
		経済学科	T8経済学部
		商業学科	
法政学部政治学科			

することとなる。

以上の学制変革の推移のなかで興味深いのは、明治一二年に文学部の学科組織が改編されると同時に、上記したように、文学部第一科が「史学哲学及政治学科」から「哲学政治学及理財学科」へと変更されたことである。つまり、新たに「理財学科」が加えられたのであり、科目名についても、「このさい従来の〈経済学〉が〈理財学〉と改められた」（『東京大学経済学部五十年史』四頁）。この学科組織の改編にあたって、当時の加藤弘之綜理が文部大輔に宛てて提出した「伺書」（明治一二年）が残っている。そこには、「此学ヲ専修セント欲スル生徒モ甚タ少カラサルニ由リ候儀ニ有之候依テ方今先ツ理財学ヲ加設シ……」と述べられていた。また、文中の「理財学」の字の下には「〈ポリチカル・エコノミー〉としるされてい」た、という（同前、四頁）。

それ以降、同大学ではさらに「実学的〈理財学〉の重視」（『東京大学百年史』部局史(1)、八七四頁）が積極的に進められた。また、しだいに授業時間数が増大して学科目の分化も行われた。当初の「理財学」の担当者はフェノロサひとりであり、彼が用いた教科書は「ミル氏著理財論綱」であったが、翌明治一二年からは大蔵省から一名が講師として加わった。また、日本財政論が新科目として分化して以降は大蔵省からさらに二名が、また明治一五年度には第一国立銀行頭取の渋沢栄一が講師を嘱託されて「本邦理財の実況を講説」したという（『東京大学経済学部五十年史』五頁）。

その後、さきにもふれたように、明治一九年の「帝国大学令」によって東京大学は「帝国大学」へと改組され、かつ分科大学制度が採用された。それにともなって、経済学関連の科目は新たに法科大学へと移されることとなった。つまり、それ以降、経済学関連科目は「経済学部の独立が実現されるまで三三年の間〈法科大学〉の体制のもとで行われ」（同前、六頁）ることとなったわけである。その間、同政治学科に置かれた経済学関連科目について調べてみると、法科大学政治学科の発足当初には「理財学」「統計学」「財政学」などであった。明治二一年になると、「理財学演習」「貨幣論及銀行論」が加わり、二三年以降には「理財史」なども講義科目として登場しはじめた。

以上のようにして、東京大学（のち帝国大学）においてもまったく同様に、経済学関連科目としては「理財学」や「理財史」などの名称が用いられてきたことがわかる。明治の一時期には、私学も含めて、たしかに「経済学」よりも「理財学」の呼称の方が好まれ、優勢を占めていたことが確認できるわけである。

「経済学」への復帰　ところで、その後、東京大学において最終的にそれらの科目名が「経済学」

や「経済史」などへと改称されたのは明治二六（一八九三）年九月のことであった。同年には講座制が施行され、学年制から科目制への変更などの措置も進められた（『東京大学百年史』部局史(1)、八八四頁）。「このさい行われた学科課程の改正によって、政治学科に配された経済学関係科目は〈経済学〉〈経済史〉〈財政学〉〈統計学〉で……〈理財学〉という名称が完全に姿を消すこととなった」（『東京大学経済学部五十年史』七頁）わけである。結局、東京大学においては、「理財学」が優勢を占めていた時期は明治一二年から二六年までの間であったことがわかる。

ちなみに、私学においても順次、「理財学」から「経済学」への改称が行われた。たとえば、専修学校がそれまでの「理財科」を「経済科」へと名称を復帰させたのは、遅れて明治三八（一九〇五）年のことであった。しかし、「〈理財〉という翻訳語を一番長く維持していた慶応義塾」については、ようやく「私立大学として認可された一九一九（大正八）年に〈理財科〉を〈経済学科〉へと改称した」（李憲昶、一九三頁）という。これらのことが示しているように、私学における「理財」の語についていうならば、それは、必ずしも「明治後期になって〈経済〉に落ちついた」（『日本国語大辞典』）というわけではなかった。慶應義塾では「理財」の名称は大正期にいたるまで長く使われていたのである。

5 「理財」とはいったい何か

以上が、明治期における大学などでの「理財学」の変遷であった。それでは、この「理財」という用語そのものは、本来、いったいどこから来たのだろうか。『日本国語大辞典』によれば、「理財」とは「金銭財物を有利な結果を得るように取り扱うこと。経済」、とある。また、『大言海』でみると、「㈠金銭ノ用ヰヲ取締ルコト。有利ナル結果ヲ得ルヤウ、財貨ヲ整理スルコト。経済」とあって、続けて次の文章が引かれている。

何以聚人、曰財、理財正辞、禁民為非、曰義。（『易経』繫辞、下伝）

「何によってその人を聚めることが可能かといえば、それは財物である。そこでその財物を正しく管理し理非曲直の判断を正しくし、民衆が非行におもむくのを禁ずることを義と名づけるのである」（高田真治・後藤基巳訳『易経』岩波文庫、下、二五三〜二五四頁）。

すなわち、「理財」の語の淵源をたどってみれば、これも本来は古典漢籍からの借用語であったことがわかる。しかしながら、この「理財」という漢籍語は日本では近代にいたるまで長く通用することがなかったらしい。「漢籍・仏典に典拠の見られるもので、わが国の文献に用例が見いだされず、古辞書類にも見えない漢語は多数に上る」が、「理財」はそのうちの一つであるとされている（佐藤喜代治『国語語彙の歴史的研究』三四一頁）。つまり、「理財」の語は、明治期になってようやく長い眠りから目覚めたことになる。

そして、この古い「理財」という漢籍語に新たに「経済」（economy）の意味内容を初めて吹き込んで用いたのは、『日本国語大辞典』によれば津田真一郎であることが示唆されている。津田訳『泰西国法論』（一八六八年）のなかの「政令理財は万機一途に出て命令能く行はるるを以て緊要とす」、が引かれているからである。あるいは、福沢諭吉『西洋事情』（一八六六～七〇年）にも「蘇格蘭《スコットランド》の人ロウなる者智慧ありて理財に巧なり」、などと使われたことが採録されている。

「理財」という言葉　ちなみに、この「理財」という言葉は、たとえば明治政府の勅令などにも、「文部大臣ノ認可ヲ経タル学則ニ依リ法律学政治学又ハ理財学ヲ教授スル……」（「文官試験試補及見習規則」明治二〇年七月二五日勅令第三七号）、などのように現れている（教育史編纂会『明治以降教育制度発達史』第三巻、二二九頁）。しかし、それは必ずしも大学などの高等教育機関だけに占有された言葉ではなかった。

たとえば、森歐外の随筆「我をして九州の富人たらしめば」（明治三二年）の文中には、「わが口もし強ひて理財を説かんと欲せば、そは飛禽《ひきん》の深淵《しんえん》を談じ游魚《ゆうぎょ》の大空《たいくう》を談ずるにも似たらんかし」（『歐外随筆集』岩波文庫）、などとある。あるいは、当時の文学作品などの中にも「理財」の語を見出すことができる。たとえば、「収入も相当にはあったけれども、理財の道に全く暗い」（有島武郎『或る女』)、などなど。かつては「理財家」というような表現も普通に使われていたようで、「理財」は当時の世間ではある程度の広がりをもって使われた言葉であったことになる。須藤南翠『緑蓑談』(一八八八年)には、「いったい君方ハ何を以て政治家となるのだ。外交官か、理財家か、行政家か、何だ」、と出てくる。

また、周知のように、現在においても財務省(旧大蔵省)の内部には「理財局」という名の部署がおかれている。その淵源をたどってみれば、同省に理財局が初めて現れたのは明治三〇(一八九七)年四月のことであり、当初はその下に国庫課と国債課があった。翌年にはさらに銀行課が加わり、「三二年以降、理財局は金融行政を一元的に統括する部局として確立した」(『大蔵省百年史』上、二四四頁)、という。爾来、その管掌分野に変動こそあったものの、「理財局」は戦前戦後を通じて、今日にいたるまで同省における主要内局の一つとしての地位を占めてきた。

あるいは一例を挙げれば、一九六一年に玉川大学(東京都町田市)の文学部英米文学科では商業貿易専攻を増設しているが、同専攻はその後、一九七七年に「その名もあらたに〈理財専攻〉として英米文学科から完全に独立しスタートを切った」。新設の「理財専攻」は、「学問のための学問ではなく、〈経済人〉〈経営人〉〈実業人〉としての価値観、哲理を学ばしめ……豊かな人間育成を目指して発足した」という。そして、「この〈理財〉の名称については学内外から説明を求められることであった」が、要するに「人間学的な学問を基礎に実践の学習を展開させること」

を意味しており、「これに相応しい名称を……広く学内外の意見を徴し……われわれの狙いを吸収し得る名称として〈理財〉に決定した」という（以上、『玉川学園五十年史』六〇九頁）。同専攻はその後、国際経営コースへの改称などを経て、二〇〇一年に開設された経営学部の母体となっている。

あるいは、今日においても地方の商工会議所の組織名などには「理財」の言葉がわずかに生き残っているのを発見できる。かつては東京商工会議所の組織中にも「理財部」が存在していた。

東京商工会議所のケースで追いかけると、東京商法会議所（明治一一年）、東京商工会（明治一六年）などの歴史を経たのちに、明治二四年に東京商業会議所と名称変更されている。そして、その東京商業会議所の定款には、「本会議所ハ会員ヲ左ノ部門ニ分チ常ニ商勢ヲ視察シ調査ノ要務ヲ担任ス」とあり、「一商業部、二工業部、三理財部、四運輸部」と書かれていた（『東京商工会議所八十五年史』五五四頁）。昭和三（一九二八）年になると東京商業会議所は東京商工会議所と改称されたが、その新定款にも「本会議所ニ左ノ五部ヲ置キ関係事項ヲ調査審議ス」とされ、「一商業部、二工業部、三貿易部、四交通部、五理財部」として「理財」の語は生き残った（九五五頁）。その後、戦時中や戦後の混乱を経た後、一九五四年に改正された新定款においては、「理財部」は「金融部会」へと変更され、最終的にその名を途絶えている（『東京商工会議所百年史』四八四頁）。

しかしながら、いくつかの地方の商工会議所の組織名には、今日でも「理財部」の痕跡が生き残っている。
さらに、最近の中国に関するニュースでは、いわゆる「影の銀行」が高利回りの資産運用商品を「理財商品」という名でもって販売していることが報じられた（「影の銀行、高利回り理財商品」『日本経済新聞』二〇一三年六月三〇日）。

6 「経営」の語のうつろい

ここで少し閑話休題――。これまで大学などにおける「経済」をみてきた。その関係で、他方の「経営」についても少しだけふれておこう。いうまでもなく、「経営」は「経済」と並んで、今日では大学での社会科学のもっともポピュラーな科目（学部）名の一つである。

これまで見てきたように、「経済」の方は「経世済民」の短縮語であった。それに対して「経営」という語は、すでに中国最古の詩集である『詩経』（小雅・北山詩）のなかにそのままの形で現れる。たとえば――

旅力方剛　経営四方（旅《おお》くの力の方《まさ》に剛《つよ》ければ、四方を経営せしむ）

あるいは、司馬遷の『史記』（項羽本紀）に

欲以力征経営天下　五年卒亡其国身死東城（力征を以て天下を経営せんと欲せしも、五年にし

て卒《つひ》に其の国を亡ぼし身東城に死す）

などがある。

「経営」のもとの意味　いくつかの辞書を繰って「経営」という字句について調べてみると、「経ハ縄張ナリ、営ハ其向背ヲ正スナリ」（『大言海』）とある。あるいは、「建物を造ること、建築」、などと説明され、「多日の〈経営〉をむなしうして片時の灰燼となり果てぬ（平家七・聖主臨幸）」などが引かれている（三省堂『例解古語辞典』など）。すなわち、「経営」とは、もともとは「(1)なわを張り土台をすえて建物をつくること。縄張りして普請すること。また造庭などの工事をすること」であった。そこから転じて、しだいに「(2)物事のおおもとを定めて事業を行うこと」へ、あるいは、「(3)物事の準備やその実現のために大いにつとめはげむこと。特に接待のために奔走すること」、などへと変化したという（『日本国語大辞典』）。

「経済」や「経営」の語句のなかに使われる「経」そのものの意味は、本来は「経緯（縦糸と横糸）」のように「たていと」を示し、そこから多数の意味が派生している。たとえば、諸橋轍次『大漢和辞典』をみると、「經」の字には、たていと、たて、みち、つね、のり、ことわり、義、をさめる、いとなむ、すくふ、……など、三五もの意味が並べられている。藤堂明保『漢和大字典』をみると、たていと、たて、おさめる、へる、などにまとめられている。「経世済民」の「経世」とは、前にも見たように、世の秩序を正しくおさめることを意味していた。

ちなみに、この「経」の字を用いた関連語に「経紀」というのがある。「〈経紀〉は漢籍で本来、綱紀・すじみちの意で、人や国を治める意にも用いられ、唐代には家を治める・家計をとりしきる意に転じ……更に宋代以降、商売・売買・商人の意に用いられ」たという。かつて日本でも、「経紀」という語は江戸期において商人、あるいは商売の経済行為を示す言葉として使われたらしい（以上、佐藤亨「〈景気〉とその周辺の語」一二三頁）。

「経営」は「けいめい」　さて、この「経営」という語は、日本においてもずいぶん古くから、すでに平安時代から使われてきた言葉であった。また、平安時代には「経営」は「けいめい」という音でもあったらしい。

今日、古語辞典はいくつもあるが、それらをみると、すべてが「けいえい」と並んで「けいめい」という項目を立てている。『広辞苑』で「経営」をみると、長い説明文に続いて「→けいめい」との指示があり、そこで「けいめい【経営】」を見てみると「ケイエイの転か」、とある。すなわち、『源氏物語』や当時の公家の日記などには「けいめい（経営）」という語がいくつか出てくる。たとえば、「大殿もいみじくけいめいし給ひて、日々にわたり給ひつつ……」（夕顔巻）や、「中納言殿おはしますとて、けいめいし合へり」（総角巻）、などであって、いずれも「支度準備に奔走する」という意味で用いられていた。「〈経営〉をなぜ〈けいめい〉と読むのか、その理由は明らかではない。〈経〉は隋唐の時代は［kiaŋ］という音で鼻音で終る……この鼻音の影響でエイがメイに転じたかとも思うが、それには［ŋ＞m］という音の転化が前提となり、それには確かな根拠が見いだされない」（佐藤喜代治『日本の漢語』一七三頁）、という。

また、もともとは「白詩」にもあるように、「此心知止足、何物要経営」（心に分相応の満足を知っている、何をあくせくすることがあろうか）の字句のように「経営は心の働きについて言う」（松尾良樹「平安朝漢文学と唐代口語」『国文学　解釈と鑑賞』55－10、三二頁）ケースもあったという。

以上はともかくとして、このように「経営」という言葉の意味内容は、時代の進展とともに、もとの「建物の造営」からしだいに「物事の実現に向けて励む」、あるいは「努力してやりくりする」意味へと変化を遂げてきたことがわかる。「経営」は、ときには「計営」とも表記された。たとえば、「幾多の社会改良家が計営惨憺して打撃を加へたるよりも尚ほ巧妙に改革せられたる社会的改革」（横山源之助『日本の下層社会』一八九九年）、のように。

「大陸経営」「戦後経営」　こうして、「経営」の語は長い時代を経るなかで、しだいに「努力してやりくりする（manage）」意味の用語として固まってきたわけである。一例として、一五年もの歳月を費やして完成された『大日本国語辞典』（『日本国語大辞典』の前身、冨山房、一九一五～一八年）への「序文」のなかには、「拮据経営十五年の久しきに亘りて……」、などという表現が出てくる。あるいは、「身に政治の伎倆なく又思想もなき者が、辛苦経営して選挙を争ひ」（福沢諭吉『福翁百話』一八九七年）、などの用例もそのことを示している。また、たとえば第二次大戦の前後のころには、「経営」の語は「大陸経営」や「戦後経営」などのように使われることが多かった。

その場合、ここで興味深いと思われるのは、以上に見てきた「経営」の語の用法は、今日的なそれとはやや異なったニュアンスをもつものであったという点である。

すなわち、「大陸経営」や「戦後経営」などの歴史的熟語が示しているように、「経営」は主として「政治・公的な儀式、また非営利的な組織体についてその運営を計画し実行すること」に用いられる言葉であった。「天下を経営する」などもその種の表現の一つであったろう。つまり、「経営」という言葉は私的な事象についてよりも、かつては「大陸経営」「戦後経営」など、むしろ公的あるいは非営利的な目的に向けられる努力の方に用いることが多かった。それが、今日では一転して、もっぱら「会社、商店、機関など、主として営利的・経済的目的のために設置された組織体を管理運営すること」が中心的な用法へと変化していったと指摘されている（以上、『日本国語大辞典』一二〇八頁）。

こうした公から私へ、あるいは非営利から営利への変化には、戦後に輸入された「経営学」分野が急速に地歩を占めてきたことが影響しているものと推測される。

7 「理財」か「経済」か

さて、以上見てきたように、明治のある時期には東京大学（帝国大学）などの高等教育機関ではたしかに「経済学」でなく「理財学」という用語が優勢を示したことがわかる。天野為之が明治三二（一八八九）年に創刊した雑誌のタイトルも『日本理財雑誌』と名付けられていた。

しかしながら、ここで指摘しておかねばならないのは、当時の一般社会においては「経済」という用語もまた広く使われていた、ということである。すなわち、「明治後期になって〈経済〉に落ちつく」よりも以前から、幕末・明治初期の日本社会では political economy や economics に相当する日本語としては「経済」という用語が並んで広く使われていた。いわんや、「モハヤ廃語ニ近クナ」ったわけでもなかった。いや、むしろ「経済」の方がより普通一般に用いられる言葉であったという事実なのである。

換言すれば、明治期において最初は「〈理財〉が優勢でのちに〈経済〉に落ちついた」、というわけでは必ずしもなかったということである。さきにも出てきたように、東京大学でも最初に用いられたのは「経済学」であった。それが「理財学」に変更されたのは明治一二年のことであり、「従来経済学と称したものが此時理財学と改められた」（教育史編纂会『明治以降教育制度発達史』第二巻、三二二頁)。

「経済」と「理財」の混用　あるいは、さきにもふれたように、専修学校でも明治二一年にもとの「経済科」を「理財科」へと名称変更した。しかし、そこで行われた「理財科講義」の実際の科目名を調べてみると、経済汎論や経済史論などのように「経済」の語も同時並行して使われていたことがわかる。また、「専修学校理財学会」が設立されたのは明治二三年であったが、その機関誌のタイトルをみると「専修学校理財学会経済論叢」というものであった(森下澄男「専修学校の〈理財科講義〉および〈専修学校理財学会〉」)。「経済」と「理財」の双方が混用して使われていたのである。

事情は慶應義塾においても同様であった。明治二三年に大学部が設置されて理財科が新たにスタートしたが、理財科における実際の科目名を見てみると、経済学元理《〔ママ〕》、近世経済史、経済学諸派概論など、「経済」の語が使われていた(『慶應義塾百年史』中巻(後))。つまり、そこでは学科名と実際の科目名との間にズレが生じていた。

「理財」よりも「経済」の語の方がむしろ普通一般に使われた用語であったことは、何よりも当時に刊行された雑誌や書物のタイトルなどからも明らかである。たとえば、田口卯吉が経済雑誌社を創業し『東京経済雑誌』を刊行しはじめたのはすでに明治一二(一八七九)年であった。この「経済雑誌社は、福沢諭吉の慶応義塾とならんで、自由主義経済思想のわが国への導入と普及にあずかって力があった」（杉原四郎「古典派経済学と〈東京経済雑誌〉」二二三頁）。明治一〇年代は自由民権運動とともに自由主義的経済学が全国的な広がりをみせた時期でもあった。田口はその前年にも『自由交易日本経済論』という題名の書物を上梓している。

あるいは、明治二〇（一八八七）年には『国民之友』および『国家学会雑誌』（ともに月刊）が創刊されているが、前者の表紙には「政治社会経済及文学之評論」と角書きされていたという（進藤咲子「雑誌《国民之友》の漢字」八九頁）。また、後者についても、その刊行の目的は「憲法行政財政外交経済政理統計等国家学ニ属スル諸学科ヲ講究スル」ものとされていた。両者は「ともに純然たる経済雑誌ではないが、すくなくとも創刊の当初は両誌とも経済や経済学の問題がとくに重視されていた」（杉原四郎『日本の経済思想史』六七頁）のであり、「経済」の語は普通一般に用いられていたことがわかる。町田忠治や天野為之らによって雑誌『東洋経済新報』が刊行されはじめたのは明治二八（一八九五）年であった。

また、「経済」という語は外国経済書の翻訳書のタイトルにも広く使われていた。すでに「幕末には〈経済〉が脱〈経世済民〉化する傾向がはっきり見えていて、その傾向をもうひとつ飛躍させたのが英書の翻訳でした」（馬場宏二「経済という言葉」七頁）。たとえば、のちに「西洋経済書の我国に於ける最初の紹介と観てよからう」（吉野作造「経済小学解題」一九二九年）、と評された神田孝平による邦訳書のタイトルは、まさしく『経済小学』（翌年に『西洋経済小学』と改題）というものであった。同書は、一八六七（慶応三）年に英人William Ellisの著書"Outlines of Social Economy"（1846）をオランダ語から重訳したものであり、福沢諭吉『西洋事情』外編の「題言」のなかにも取り上げられている。

馬場宏二はいう。「神田の翻訳によって内容的に〈経済〉が明白に今日の〈経済〉になった。福沢は語義論を加えることで、この推転を確かなものにしたわけです」（馬場、前掲、八頁）。もちろん、その後においても、書名に「経済」の語を冠する邦訳書が陸続と相つぐこととなった。とりわけ、「福沢の《西洋事情》及びその外編、二編は幕末から明治初期にかけて広く読まれたため、訳語の〈経済〉と〈経済学〉も速やかに世に広まっ」（馮天瑜、一七二頁）ていったのである。

8　なぜ大学では一時期「理財」だったのか

以上述べたように、西洋近代の経済学をあらわすのに「経済」という用語は幕末・明治初期からすでに広く一般にも流通していたことがわかる。必ずしも明治期の後半になって初めて、「〈理財〉から〈経済〉に落ちつ」いたわけではなかった。「経済」と「理財」は同時並行的に使われていた。

しかし、大学などの高等教育機関では、一時期とはいえ「理財」の方が優勢を占めていたのも事実であった。そこで、むしろ問題となってくるのは、なぜ大学などでは当初は、とくに明治一〇年代から二〇年代には「理財」の方が優勢を占めることとなったのか、であろう。あるいは逆に、それはなぜ明治期の後半以降にふたたび「〈経済〉に落ちつく」こととなったのか、である。

端的にいってしまえば、新しく流れ込んできた西欧の経済学、つまり「経済の定則」を示すのに、古い「経世済民」あるいは政治道徳の匂いを残す「経済」という用語では不満だったからであろう。とりわけ、それらの啓蒙的な紹介者たちにとって、経世済民的な痕跡の残る「経済」という言葉を回避しようとする気持ちがより強かったのではないだろうか。

たとえば、西周はその『百学連環』のなかで、「〔経済学は〕経世済民より採り用へたる語にして、専ら活計のことを論するには適当せさるに似たり。故に余は孟子の制民之産の語より採りて制産学と訳せり」（『西周全集』第四巻、二三五頁）と述べていた。実際、彼は一八七〇年代まで「訳語として〈経済学〉〈制産学〉と〈利学〉などの言葉の間で躊躇していた……西周にとって〈経済学〉はPolitical Economyの理想的な翻訳語ではな」（馮天瑜、一七五頁）かった。あるいは、「日本の近代啓蒙思想家、福沢諭吉や西周などは、〈経済学〉を使ったにもかかわらず満足はできなかった。福沢諭吉は〈理財学〉、西周は〈制産学〉が気に入っていた」（同前、一八一頁）、など。

いずれにしても、新しい概念には新しい用語が必要であった。そのための新用語として登場したのが「理財」であったものと思われる。この「理財」の語は、「〈自由〉〈平等〉〈人権〉などと共に、新時代を象徴する語として容易に人々に受容され、定着していった」（佐藤亨『幕末・明治初期語彙の研究』三八一頁）。

あるいは、何よりも「理財」の語の方が実践的な「経済の定則」を示すのにより適合的な用語として好まれたのであろう。たとえば、明治政府はArthur Perryの著書"Elements of Political Economy"（1866）の部分訳を、当初は『経済原論』として刊行したが、明治八年からその完訳版を『理財原論』と改称して出版した。この「《理財原論》の下には〈一名経済学〉が付いてあり、本文には〈経済学〉という翻訳語が使われた。……《理財原論》では〈経済学〉を交易と価格決定の理論を探求する学問と定義したが、このような定義は〈経済〉より〈理財〉という漢語に相応しい」（李憲昶「漢字文化圏におけるPolitical EconomyとEconomicsの翻訳」一九一頁）。もちろん、「理財」という語でも「新古典派の概念に相応する厳密でかつ分析的な意味を表していない」という不満が残るものの、「資源の効率的な配分という意味に近い漢語は、財貨の効率的な管理を意味する〈理財〉であ」（同前、一七七頁）った、という。

「ですから、関係はありますが、〔経世済民では〕ぴたっと合うわけではありません。むしろ〈食貨〉という言葉の方が、いまの経済の方に近いでしょうね」（杉原四郎『日本の経済思想史』一四五頁）、という指摘もある。ちなみに、「食貨」とは「食物と財貨。転じて経済のこと」（『日本国語大辞典』三八二頁）、と説明されている。「物質的欲求の充足という意味を〈経済〉より的確に表現する漢語として〈食貨〉〈生計〉〈利用厚生〉などがある」（李憲昶、前掲、一七七頁）、という指摘も見出すことができる。さきの太宰春台『経済録』のなかでは、篇名だけをあげれば、総論、礼楽、官職、天文地理律暦、祭祀学校などと並んで「食貨」篇が出てきた。

「経世済民」の古い匂い　以上はともかくも、おそらく当時の啓蒙的な紹介者たちは、当初は「経世済民」の匂いが残る「経済」という用語を敬遠しようとした。とくに大学などの高等教育機関では、「経済の定則」を講ずるに際して、より新鮮な響きをもつ言葉として「理財」を見つけ出し、それに新しい意味を吹き込んだ上で「理財」の方を好んで用いたのであろう。「〈経済〉という語は経国済民から出ておって、太宰春台の〈経済録〉などが適当の用法であることは勿論であるから、明治一四年の東京大学の規則には〈理財学〉と改められた」（穂積陳重『法窓夜話』一九四～一九五頁）、という指摘もある。

以上の日本の啓蒙学者たちが経験したとほとんど同種類の懊悩が、のちに日本から「経済」の用語を輸入した中国においても繰り返された。すなわち、「〈経済〉という日本語を踏襲することには、どうしてもおさまりの悪さを覚える、というのは〈此の名〔「経世済民」〕は中国で太だ通行しており学者の目を混じやすい〉」。とりわけ、本家中国の「旧学の素養をもつ世代の知識人は、〈経済〉という言葉に原義との混同の危惧を拭いきれず、その使用には躊躇せざるをえなかった」、という。かれらは「当時の日本でほぼ定着していた〈経済学〉という訳語に終始、違和感と物足りなさを感じており、自ら最適の訳語を創出するために思案をめぐら」さねばならなかった（森時彦「生計学と経済学の間」五〇六、五一一、五一四頁）。さきに第1章でも述べたように、いくつかの用語が試用されたのである。

いずれにもせよ、「経済」には原義の「経世済民」の古い匂いが染みついていた。にもかかわらず、他方では、明治期の日本社会では「経済」という用語は一般にも広く普及していた。そして、その古い「経済」の語も、当然のことながら時代の変遷のなかで新たなものに中身を変えていく。すなわち、やがては時の経過とともに、「一旦外来の英語の概念に照らして訳語として成立し、固定した意味概念が込められ」（陳力衛、前掲書）るように変化しはじめたのである。「経済」という用語のなかにあった「経世済民」の意識が薄まり忘れられるにつれて、「経済」の語は、かつての漢籍語の短縮形であったものから西洋語 economy の新たな翻訳語へと転換しはじめたのである。そこで初めて、大学などの高等教育機関でもふたたび「経済」への回帰現象が生じたのではないだろうか。

東京大学（帝国大学）の場合については、次のような指摘も見出される。「世間では経済学という語は神田氏以来久しく行われて、既に慣用語となっているし、原語の〈ポリチカル・エコノミー〉とても、本来充分にその意義を表している訳ではないから、やはり〈経済学〉という名称に復するのが好いという論が、金井〔延〕・和田垣〔謙三〕両教授などから出て、そこで明治二六年九月の帝国大学法科大学の学科改正の時から、再び経済学という名称に復したのである」（穂積陳重『法窓夜話』一九五頁）。

輸入経済学の潮流変化　ちなみに、「〈経済学〉という翻訳語が最終的に勝利を得た原因」について、それを当時の輸入経済学の潮流の変化のなかに求める見解もある。つまり、「ドイツの歴史学派経済学がイギリスの自由主義経済学に対抗しながら登場し、一八八〇年代に日本の経済学の主流になった事実」（李憲昶、前掲、一九四頁）を重視せんとする見解である。これら二つの潮流の変化については杉原四郎「自由主義と歴史学派」がくわしく述べており、「ドイツの歴史学派の経済学が……明治二〇年代以降は漸次わが国の経済学の主流を占めるにいたた」（一三五頁）ったとしている。

つまり、明治中期以降には、国家主義的な傾向を反映したドイツからの歴史学派経済学が台頭し、国民経済形成による国家統合や近代産業国家の樹立に好ましい思潮として広まりはじめた。このような時代背景の変化があってこそ、「国家学或いは国家経済学に親和的な〈経済学〉という語が、自由主義思想に親和的な〈理財学〉という語に対して勝利した」、というわけである。したがって、「国家学の中心地である東京大学で、まず一八九三年に〈理財学〉という翻訳語を〈経済学〉に代替したことは当然の帰結であった……それに反して、民間商工人の養成を基本目標とし自由主義経済学の伝統が強かった慶応義塾が〈理財学〉という翻訳語を一番長く固守した理由も理解できる」（李憲昶、一九四～一九五頁）。

ただ、少しばかり注意しておくべきなのは、前述したように、専修学校や慶應義塾などの私学では、学科名（「理財科」）と科目名（「経済学」）の間にズレが生じていたことである。表看板は「理財」であったが、教室での実際の科目名には「経済」が使われるようになっていた。これには、「理財」の語が明治前期に一部の官庁用語（政府の勅令など）として広がりをみせたことを背景として、民間の教育機関では制度的にそれに従って学科名としては使用せざるをえなかったという事情とも無関係ではないであろう。

以上、縷々述べてきた。以上のような紆余曲折をたどりながら、ついには西欧近代の economy を表現する日本語として「経済」という用語がはっきりと定着することになったわけである。いうまでもなく一九世紀の後半には、日本におけると同様に、中国や朝鮮でも西欧近代の学問が流れ込んできた。当然ながら、そこでもまた、political economy の訳語が模索されなければならなかった。たとえば、「経済学」や「理財学」などの用語のほかにも、中国での「富国学」「資生学」「生計学」「計学」や、朝鮮での「国財論」、などであった。それぞれの状況については、くわしくは森時彦や馮天瑜、李憲昶らのすぐれた研究がある。

こうして、political economy の訳語をめぐって展開された各種さまざまな模索のなかで、最終的には、「和製漢語」の一つとして定着した「経済学」という翻訳語が近隣の漢字圏の諸国に向けて輸出されたわけである。

【参考文献】

一海知義『漢語の知識』岩波書店、一九八一年
井上琢智『黎明期日本の経済思想』日本評論社、二〇〇六年
井上哲次郎・有賀長雄『哲学字彙』一八八一年
大蔵省百年史編集室『大蔵省百年史』上巻・別巻、一九六九年
小野武夫『佐藤信淵』三省堂、一九三四年
川口浩編著『日本の経済思想世界』日本経済評論社、二〇〇四年
教育史編纂会『明治以降教育制度発達史』第二巻・第三巻、一九三八年
慶應義塾大学『慶應義塾百年史』中巻（後）、一九六四年
佐藤喜代治『国語語彙の歴史的研究』明治書院、一九七一年
佐藤喜代治『日本の漢語』角川書店、一九七九年
佐藤亨「〈景気〉とその周辺の語」『国語学研究14』一九七五年
佐藤亨『幕末・明治初期語彙の研究』桜楓社、一九八六年
佐藤亨『現代に生きる幕末・明治初期漢語辞典』明治書院、二〇〇七年
眞田治子『近代日本語における学術用語の成立と定着』絢文社、二〇〇二年
島崎隆夫「日本経済思想の研究史」『日本における経済学の百年』上、日本評論社、一九五九年
進藤咲子『明治時代語の研究』明治書院、一九八一年

進藤咲子「雑誌《国民之友》の漢字」『近代日本語と漢字』明治書院、一九八八年
杉原四郎「古典派経済学と〈東京経済雑誌〉」、「自由主義と歴史学派」、いずれも長幸男・住谷一彦編『近代日本経済思想史Ⅰ』有斐閣、一九六九年
杉原四朗『日本の経済思想史』関西大学出版部、二〇〇一年
杉本つとむ『語源の文化誌』創拓社、一九九〇年
杉本つとむ『語源海』東京書籍、二〇〇五年
杉山忠平『明治啓蒙期の経済思想』法政大学出版局、一九八六年
惣郷正明・飛田良文編『明治のことば辞典』東京堂出版、一九八六年
高田真治・後藤基巳訳『易経』岩波文庫、下、一九六九年
竹内洋『大学という病』中央公論社、二〇〇一年
玉川学園五十年史編纂委員会『玉川学園五十年史』一九八〇年
千葉俊二編『歐外随筆集』岩波文庫、二〇〇〇年
陳力衛『和製漢語の形成と展開』汲古書院、二〇〇一年
寺崎昌男『東京大学の歴史』講談社学術文庫、二〇〇七年
東京商工会議所『東京商工会議所八十五年史』一九六六年
東京商工会議所『東京商工会議所百年史』一九七九年
東京大学経済学部編『東京大学経済学部五十年史』一九七六年
東京大学『東京大学百年史』部局史(1)、一九八六年
『西周全集』第四巻、宗高書房、一九八一年

馬場宏二「経済という言葉——意味・語源・歴史——」大東文化大学「Research Papers 44」二〇〇四年
馬場宏二『会社という言葉』大東文化大学経営研究所、二〇〇一年
馮天瑜「中国語、日本語、西洋語間の相互伝播と翻訳のプロセスにおける〈経済〉という概念の変遷」『日本研究31』二〇〇五年
『福沢諭吉全集』岩波書店、第一巻、一九五八年
穂積陳重『法窓夜話』岩波文庫、一九八〇年
堀経夫『明治経済思想史』（増訂版）日本経済評論社、一九九一年
本庄栄治郎『日本経済思想史研究』日本評論社、一九四二年
松尾良樹「平安朝漢文学と唐代口語」『国文学　解釈と鑑賞』55-10、一九九〇年
明治大学『明治大学六十年史』一九四〇年
明治大学法学部『明治法律学校における法学と法学教育』一九六六年
森時彦「生計学と経済学の間」京都大学人文科学研究所『東方学報72』二〇〇〇年
森下澄男「専修学校の〈理財科講義〉および〈専修学校理財学会〉」『専修商学論集』第23号、一九七七年
八木紀一郎『近代日本の社会経済学』筑摩書房、一九九九年
八木紀一郎「福沢諭吉」大森郁夫編『日本の経済思想』日本経済評論社、二〇〇六年
吉野作造「経済小学解題」『明治文化全集』経済篇、一九二九年
李漢燮「近代における日韓両語の接触と受容について」『国語学』第54巻3号、二〇〇三年
李漢燮編『近代漢語研究文献目録』東京堂出版、二〇一〇年
李憲昶「漢字文化圏における Political Economy と Economics の翻訳」『漢字文化圏諸言語の近代語の形

成』関西大学出版部、二〇〇八年

第3章　「産業」三分類の是非
――農林漁業はなぜ「第一次産業」といえるのか――

1　「産業」とは何か

いわゆる「産業」という用語について考えてみよう。これまで「産業」はどのように定義されてきたのだろうか。手元にある経済学辞典の類を繰ってみよう。すると、意外なことに、「産業」それ自体の意味内容について真正面から解説する経済学辞典がほとんどないことに気が付く。もちろん、「○○産業」あるいは「産業○○」などの熟語についてならば数多く並んでいる。「情報産業」や「流通産業」、あるいは「産業革命」「産業連関」「産業組織」、などなどである。しかし、「産業」の語そのものについて独立の項目を立てて説明する経済学辞典は、不思議なことにほとんど見当たらない。実際に「産業」という用語は、あえて説明を加える必要もないほどにありきたりの日本語となっている。

いうまでもなく、「産業」は経済学においてもっとも基礎的な概念の一つであろう。にもかかわらず、その内容や経済学上の定義については、往々にして「恣意的かつ曖昧なままに放置されてきた」という指摘がなされている。「経済理論における〈産業〉概念は、かならずしもその問題性に値する相応の地位を獲得してこなかった。事実、伝統的な経済学純理論において、〈産業〉概念は十分厳密な定義を与えられていない」（宮澤健一『産業の経済学』第2版、三頁）。

経済学における「産業」　「産業」とはいったい何だろうか。もちろん、経済学において議論がなかったわけではない。これまでの経済学における「産業」の定義を見ると、通常では、それは「需要側からは欲求される諸商品間の代替・補完を基準として、また供給側からは生産する財の生産技術的類似性を基準として類別されてきた」。しかし、「これらの基準は、厳密につきつめていくとかなり不明確で便宜的なめやすにすぎなくなる」（宮澤健一『産業構造分析入門』二〜三頁）、という。

もう少し踏み込んでみよう。たとえば、伝統的なミクロ経済学においては、「密接な代替品の一群を一つの商品とみなし、これら商品を供給する諸企業の集団を一つの産業として定義するのがふつう」である（宮澤『産業構造分析入門』二頁）。言い換えれば、「産業とは同質の財・サービスを生産している企業の集合的概念」である（鶴田・伊藤『日本産業構造論』一六頁）。あるいは、「産業とは、同一の商品（財あるいはサービス）を生産し販売する企業の集まり」であり、「一つの市場に参加する売り手の集団が産業であるともいえる」(小田切宏之『新しい産業組織論』二頁)。すなわち、「産業」は事実上、便宜的に同種の企業(売り手、事業所など)の集合体に置き換えられてきたのである。

しかし、このような定義の仕方は諸企業の生産物が実際的にも同質的なことを前提としていて必ずしも現実的でない、とされている。また、企業がいわゆる「製品差別化」を主要な競争戦略としてきたこともよく知られており、これらを考慮にいれれば厳密な定義としては不十分である。不十分ではあるものの、ミクロ価格分析では「産業概念にこうしたあいまいさを残したまま、分析の基本単位をもっぱら〈企業〉においてきた」(宮澤『産業構造分析入門』二頁)、というわけである。総務省『日本標準産業分類』においても「産業」を定義しているが、そこでもやはり「財又はサービスの生産と供給において類似した経済活動を統合したものであり、実際上は、同種の経済活動を営む事業所の総合体」(一一七頁)としている。

また、他方のマクロ経済学の分野においては、分析対象は「生産活動によって新たに付け加えられた財貨・サービスの正味の価値額の総体、すなわち〈最終〉生産物の生産・分配・支出をめぐる機構に集中され」てきた。したがって、「経済全体があたかも一つの巨大企業による活動の結果のごとくみなされ……」て、「原材料などの〈中間〉生産物をめぐる取引および産業間の連結関係は相互に相殺されて、はじめからそれが捨象されるのが常であった」(宮澤『産業構造分析入門』三頁)。

以上のように、これまで経済学において「産業」を説明しようとする試みがなされてきたものの、明確な定義にまでは達しえなかった。「産業」を経済学的に定義することは必ずしも容易ではないのである。したがって、「同種生産物の供給者の集合体」ということを一つの暫定的な基準として採用せざるを得ず、つまり、「産業」とは「同種の企業が作る境界線」、あるいは「同種企業間の競争の範囲」をめぐる議論としても展開されてきたわけである。

森をはみ出す木々　しかし、仮にミクロ経済学のように「産業」を便宜的に「同種の企業の集合体」に置き換えたとしても議論は前に進まない。現実の大企業を実際に観察するならば、それらのほとんどがすでにいくつかの異なる「産業」に乗り出し行動する存在となっているからである。今日の大企業は多角的にいくつかの「産業」に展開する事業体である。つまり、今日の大企業は一つの「産業」の中だけに安住しているわけではない。なるほど、かつては「産業」という森の内部で木々(「企業」)が育った。しかし、今日では個々の木々が森をはみ出して繁茂している。したがって、「同種の企業の集合体」という判定基準についても困難が生まれている。

有澤廣巳は「産業は経済の骨組みをなしている。経済を組み立てている骨格である」と述べた上で、「社会における財貨およびサービスの生産、ならびに分配に関する活動が、個人や集団の営業として営まれるとき、産業が形成される」としている。かれはさらに続けて、「社会的生産が商品生産として農業と工業とに分化したとき、最初の産業が成立した。やがて商業と金融業が独立した。これが商品生産を急速に拡げ……社会の生産の分化（社会的分業）もまた進んだ。とくに工業における分化がめざましく進んだ」（有澤廣巳「産業論のはじめに」『現代日本産業講座Ⅰ』六〜七頁）、などと述べている。

2　「身代」から「生業《なりわい》」へ

「産業」とはいったい何だろうか。視点をガラリと変えて、この言葉のそもそもの来歴を遡ってみれば、すでに古くから漢籍や漢訳仏典などに見出すことができる。日本で「産業」の語は、古くには『続日本紀』のなかに「遣使諸国、巡省産業、賑恤百姓」などと出ているという（『日本国語大辞典』）。しかし、その当時の「産業」は「現代におけるそれとは異なった（あるいはより限定された）意味で用いられており、そのことは、日本の文献においても江戸時代までおおむね同様であった」（木村秀次「〈産業〉の語誌」六六七頁）、と指摘されている。

「産業」とは「財産」だった　すなわち、かつては中国でも日本でも「産業」というのはむしろ「財産」（property）を指し示す言葉であった。「〈産業〉の語が現在のような意味を持つようになったのは、西洋の近代経済学の流入に伴い、明治初年、'industry' の訳語として用いられるようになってからのこと」にすぎず、「〈産業〉の語は……明治期に訳語としての新たな意味を付与されたいわゆる〈再生語〉の一つと考えられる」（木村、前掲、六六八頁）、という。かつて「産業」とは「財産」のことであった。

逆にいうならば、「〈財産〉という言葉は、ずっと古くはあったのだが、その後は、産業《さんぎょう》、身《しん》代《だい》、身上《しんしょう》、所帯《しょたい》などに押されて消えて」しまっていた。ところが、「明治十年代以後、〈産業〉がindustryの訳語になって意味が変わったので、propertyの訳語としての〈財産〉が息を吹き返したわけである」（高島俊男『漢字雑談』一四四頁）。

このように、「産業」の語はかつては別の意味をもっていた。それが、明治期になってindustryの訳語として再登場したことになる。ただし、「既成の漢語に新たな概念を盛り込むために、その訳語は伝統的な意味を引きずりやすく、また、時には新旧二つの意味の重なりによって、更に第三の新たな意味合いが付加されることもある」（木村、前掲、六八五頁）。したがって、その後の日本社会においては「産業」は今日よりも広義に用いられてきた。

たとえば、㈠仕事、家業、生業、事業、㈡生活、生計、そして㈢財貨、資産、財産、などの意味である。しかし、明治期の前半までは、むしろ㈠や㈡の意味よりも、まだ㈢の意味（property）の方が勢いをもっていたことに注意すべきであろう。「明治初期の文献中には、〈財産〉の意味を表す〈産業〉が比較的多く見出される」（同前、六七八頁）。たとえば、『明治のことば辞典』によれば、明治期の辞書類には「産業」について「シンシヤウ、身代」が「ナリワヒ、スギワヒ、ヨワタリノゲウ」などと並んで多数出てくる。『漢英対照いろは辞典』（明治二一年）には、「産業」は「しんだい、なりはひ。property, estate; calling, occupation」の順で説明されていた。

なるほど、明治初期の主要なスローガンとして知られるいわゆる「殖産興業」の「殖産」などは、身代や財産の意味での「産業」であったようにも思われる。こうした状況は明治の中ごろまで続いた。たとえば、「明治二十年までの対訳辞書においては、'industry'の訳語に、現在の経済学上の活動を意味する〈産業〉を見出すことはできない」、あるいは、「明治十年代後半において、経済学上の概念を表す（現在、〈産業〉と訳されることが一般的である場合の）'industry'の訳語は、必ずしも〈産業〉に固定していたわけではない」、とも指摘されている（木村、前掲、六八〇、六八三頁）。

しかしながら、他方においては、「産業」の語を冠した雑誌、たとえば『産業雑誌』が明治一〇年に出ている。同誌は「趣味的といってよいB6変形の瀟洒な冊子」ではあったものの、「菓子パン、香石鹸、円形時計の製法……」など、地方特産の'industry'についての雑誌であった。また、前田正名が地方の在来産業の振興を訴えた雑誌『産業』を刊行しはじめたのは明治二六年のことであった（杉原四郎編『日本経済雑誌の源流』一七四、一七六頁）。いずれにせよ、「産業」という語は明治期の後半以降になって、ようやく今日的な意味内容へと一本化されてきたことになる。

したがって、たとえば『日本国語大辞典』を開いてみると、「産業」とは、まず「(一)生活をいとなむための仕事。さまざまの職業。なりわい。生業。さんごう。また、資産、財産」、と解説されている。続けて、その今日的な意味として、「(二)特に、近代における生産を目的とする事業。農林水産業、鉱工業、建設業など。また、商業、運輸業、金融業など生産に直接たずさわらない広範な事業を含めてもいう」、と説明されている。

ちなみに、英語の「産業」はindustry、ドイツ語ではIndustrie、フランス語ではindustrieである。周知のように、これら西洋の単語は同時に「工業」あるいは「製造業」の意味にせまく限定して使われることがある。しかし、日本語の「産業」には工業（製造業）だけに限定するような使い方はなく、むしろ農林水産業や商業、運輸業、金融業、流通業などの「生産に直接たずさわらない広範な事業」（非製造業）もまたそのなかに含めて使われる。すなわち、広い意味での「生業、なりわい」として使われる。産業革命の母国たるイギリス、あるいはヨーロッパの諸国においては「産業」は「工業」により即した用語として使われてきたように思われる。

3 「第一次産業」「第二次産業」「第三次産業」?!

ここでは「産業」の語誌そのものにこれ以上に深入りすることはしない。本論で問題としたいのは、いわゆる産業分類に用いられる「産業」の言葉遣いなのである。

いうまでもなく、社会的な総生産を構成する人間の産業活動の種類は広範かつ雑多である。したがって、経済学などにおいて「産業を鳥瞰したりその構造を明らかにしたりしようとすると、産業活動を分類する必要が生じる。産業分類がそれである」（有澤『現代日本産業講座Ⅰ』八頁）。

産業の分類　「産業」はまずその特性から国際的にも共通する大分類がなされている。また、それぞれの経済の特徴を反映して中分類、小分類（さらに細分類）がなされて、国ごとの政策形成のための統計資料の基礎的データを提供する。現在の「日本標準産業分類」によれば、大分類の項目数は二〇（A～T）である。また中分類、小分類、細分類の項目数はそれぞれに九九、五二九、一四五五、となっている（総務省『日本標準産業分類』一二〇頁）。

ところで、産業分類には、以上のような大中小という分け方のほかにも、もっとよく世間に知られた分類法がある。「産業」の全体を第一次、第二次、第三次に腑分けする仕方である。

すなわち、今日、産業の全体を大きく分類して「第一次産業」「第二次産業」「第三次産業」とすることは国際的にも周知のこととなっている。通常では、第一次産業とは農林漁業（あるいは鉱業も——後述——）などのように大自然から資源や原材料を採取・育成するような産業を指している。また、第二次産業とは一般的にそれらの資源や原材料を加工する各種様々な製造業のことである。そして第三次産業とは、「第一次でも第二次でもない」、販売、流通、金融、情報、教育、医療、などなどの諸産業をいう。

以上のような理解はすでに広く常識とされている。そして、産業全体をこのように三つに分けた上で、かつて第一次産業が中心部分を占めていたような社会が、経済発展するにつれて第一次産業の比率を低下させながら第二次産業へとシフトし、さらには第三次産業を中心とするものへと移行していく。このような社会構成体の変化を体系的に理論付けて明らかにしたのは、英人C・クラーク（Colin Clark）の著作“The Conditions of Economic Progress”（1940）であった。かれは、「経済的進歩の最も重要な随伴現象」として、一般的に「労働人口の農業から製造工業への、さらに製造工業から商業およびサービス業への移動」（大川一司他訳『経済進歩の諸条件』三七四頁）がみられることを説いたのである。

しかし、もともとは一七世紀にW・ペティ（William Petty）が、当時の産業全体を農業、製造業、および商業に三分して、「農業よりも製造業が、また製造業よりも商業（Merchandize）がずっと多くの利得がある」（大内兵衛他訳『政治算術』四四頁）、という見解を述べていた。

このW・ペティは「イングランド王国の富強の成就に甚大な関心をもつ一人の大土地所有者であり植民地事業家」（『政治算術』訳本「解題」一六二頁）であった。また、かれの著書『政治算術』は、「蘭・佛・英の国力の比較にもとづく……イングランドによる世界貿易の掌握の可能性の論証を主題とする論策」(訳本「解題」一五三頁)であった。すなわち、当時、オランダの一人当たりの所得が他国の水準より高い理由を、労働力人口の多くが工業・商業に従事していることと関連付けて説明したのである。あるいは、A・スミス(Adam Smith)もまた同じように、「事物の自然的運行によれば、あらゆる発展的な社会の資本の大部分は、まず第一に農業にふりむけられ、つぎに製造業にふりむけられ、そして最後に外国商業にふりむけられる」(大内兵衛・松川七郎訳『諸国民の富(2)』岩波文庫、四二六~四二七頁)、などと述べていた。

「ペティ＝クラークの法則」　つまり、C・クラークの著書『経済進歩の諸条件』は、W・ペティら先人たちの見解を、各国の国民所得統計や労働力統計などを駆使しながら世界的規模において裏付け、論理的により拡張したものであった。したがって、今日ではこの法則をいわゆる「ペティ＝クラークの法則」と呼ぶようになっている。

このペティ＝クラークの法則は、ある一時点における諸国間の経済発展の特色を国際的にヨコに比較するのに役に立つ。しかし、それればかりではなかった。つまり、一国経済における産業構造の歴史変化をタテに眺める場合にも有効である。たとえば、日本についてそれを就業者人口の比率で見てみると、表1のようになる。そこに示したように、たとえば戦後の一九五〇年にはいわゆる「第一次産業」の従事者は四八・五%を占めていた。それが、今日ではわずか四・〇%にまで激減してしまった。「第二次産業」については、一九六〇年代に三〇%台へまで順調に増大

表1　就業人口の産業部門別比率の推移

	第一次	第二次	第三次
1920	53.8%	20.5%	23.7%
1930	49.7	20.3	29.8
1940	44.3	26.0	29.0
1950	48.5	21.8	29.6
1960	32.7	29.1	38.2
1970	19.3	34.0	46.6
1980	10.9	33.6	55.4
1990	7.1	33.3	59.0
2000	5.0	30.7	63.7
2010	4.0	24.8	70.3

出所：総務省統計局『日本の統計』、矢野恒太記念会編『日本国勢図会』、国勢社『数字で見る日本の100年』から作成。

したものの、七〇年代中ごろをピークに横ばいあるいは減少傾向に入った。他の主要国でも同じように「一九七五年ごろを境として、こぞって第二次産業のウェイトが漸減の傾向を示す段階を迎え」ている（坂本和一『現代工業経済論』五六頁）。これらに代わって一貫して増加し続けたのは、いわゆる「第三次産業」の従事者であった。それは今日では七〇％を超えるまでになっている。いわゆる「サービス経済」への転換といわれる現象である。

なお、第三次産業がこれほどまでに大きな比率を占めるようになってしまうと、後にも述べていくように、今日ではそれをさらに二分して、モノに関連する「（新）第三次産業」とモノに関連しない「第四次産業」とに分ける、などという新たな考え方もされるようになっている。

以上はすべてがよく知られた事柄であろう。「ペティ＝クラークの法則」そのものは、今日では広く受け入れられている。したがって、ここではこの法則そのものについて異議を唱えようというのではない。

ここで問題としたいのは、「第〇次産業」などという言葉遣いが抱える問題点、またはその用語に関する疑問についてである。さらには、それらのことを通じて、「産業」とは何かについて再考せんとする試みである。

たとえば、農林漁業や鉱山業というのははたして「第一次産業」なのであろうか、という問いかけである。

4　農林漁業はなぜ「第一次産業」なのか

一例として、ここにある漁師がいたとしよう。かれが小船に乗って釣竿や投網をたくみに操って魚を採る。なるほど、これは「第一次産業」であろう。かれの仕事は大自然から資源や原材料を採取・抽出することだからである。

それでは、ある大規模な水産会社が大型漁船を海洋に繰り出して大量の魚を獲る場合はどうであろうか。これもまた、大自然の資源を獲得する作業であるから「第一次産業」ではあろう。しかしながら、その水産会社が、さらにその水揚げした魚介類を船上で加工したとするとどうなるのか。たとえば、小林多喜二『蟹工船』などの場合はどうなるのだろうか。「蟹工船とは大正時代に日本人が発明した、船内にカニ缶詰の製造設備を持つ工場船である」（宇佐美昇三「蟹工船よみがえる実像」『日本経済新聞』二〇一三年七月八日)。つまり、蟹工船上での缶詰作業は、原材料を製造加工するのだから「第二次産業」ということにならないか。

要するに、これまで水産業や漁業などは無条件に「第一次産業」だとされてきた。しかし、そこには「第二次産業」の作業内容も含まれている。なぜ、水産業や漁業を指して、それは「第一次産業」であるといえるのであろうか。

同じようにして、ある男が頭にカンテラをつけ、つるはしを担いで坑道にもぐり込んで鉱石を掘り出す。これは天然資源の採取・抽出プロセスであるから、なるほど「第一次産業」なのであろう。それでは、ある鉱業会社が最新式の削岩機で大規模に鉱石を掘り出したのち、それをヤマのすぐ近くの精錬施設で溶融精錬し、各種のインゴット製品にまで加工するとどうなるのか。このプロセスは製造加工であって、「第二次産業」ということにはならないか。

さらにいえば、さきの水産会社は製造加工した缶詰製品を営業活動を通じて販売するであろう。同様に、鉱業会社もまたインゴット製品を他社に販売しなければならないであろう。つまり、水産業であれ鉱山業であれ、営業販売といういわゆる「第三次産業」にも就かねばならない。

産業は三つに分解できるのか　つまり、はたして「産業」というのは、このように第一次、第二次、第三次などと、それぞれに分類もしくは分解することができるものなのであろうか、という問いかけである。水産業という名の「産業」は(まったく零細規模な場合を別とすれば)大自然から資源を獲得するプロセスだけでは終わらないであろう。さらにそれを各種の製品にまで加工製造し、また流通販売もしなければ完結しないのである。鉱山業という「産業」においてもまた然りである。

要するに、ある具体的な「産業」というのは、第一次、第二次、第三次のいずれかに属するというよりも、むしろ、それらにまたがって存在するものなのではなかろうか。あるいは、第一次、第二次、第三次のプロセスを通じてこそ完結するものなのではないだろうか。ごく一般的にいうならば、一部の「第三次産業」と呼ばれるものを除けば、「産業」というのはその多くがそれぞれに抽出・加工製造・販売、という継起的なプロセスをたどるものなのである。あるいは、多くの場合、一つの「産業」というのは種類の異なる人間活動をトータルに含んでいるものだといえよう。そのトータルなものを、第一次、第二次、第三次産業などと分断してしまい、たとえば「農林漁業は第一次産業、製造業は第二次産業、……」などと区分するのは、なんとも納得しにくい、座り心地の悪い分類の仕方ではなかろうか。

以上、「産業」というものは、はたして第一次、第二次、第三次などと分類が可能なのであろうか、という問いかけなのである。

C・クラークの分類　それはともかくとして、ここで、あらためてC・クラークの著書“The Conditions of Economic Progress”を実際に繰って、当該の関連箇所（第9章）を読み直してみよう。すると、かれは次のように述べていた。

For convenience in international comparisons, production may be defined as primary, secondary and tertiary. Under the former we include agricultural and pastoral production, fishing, forestry and hunting. Mining is more properly included with secondary production, covering manufacture, building construction and public works, gas and electricity supply. Tertiary production is defined by difference as consisting of all other economic activities, the principal of which are distribution, transport, public administration, domestic service and all other activities producing a non-material output.（2nd ed., p. 401）.

「国際比較をしやすくするために、生産を第一次、第二次および第三次と定義することができよう。われわれは、第一次生産に、農業生産および牧畜生産、水産業、林業および狩猟業をふくませる。鉱業は、製造工業、建築および公共事業、ガスおよび電気供給業を包括する第二次生産にふくませた方が一層適切である。第三次生産は、以上を差し引いたもの、つまりその他いっさいの経済活動から成り立つものと定義しうるが、その主たるものは、配給業、運輸業、行政、家事労務および非物的産出物を生産するところの、その他いっさいの活動である」（大川一司他訳『経済進歩の諸条件』三八〇頁）。

驚くなかれ、ここに見るように、C・クラークが第一次、第二次、第三次と分けたものは「産業」ではなかった。かれがその著書のなかで分けていたのは「生産」（production）であった。「生産」をこそprimary、secondary、tertiaryの三つに分けていたのである。これならばよく納得がいくことになろう。大自然から天然資源を抽出し、ついでそれらを原材料として加工し、さらにまた営業販売するという意味において、人間の経済活動たる「生産」の内容がそれぞれ第一次、第二次、第三次という継起的な段階に分けられていたのである。

あるいは、かれが行ったのは産業をタイプ分けすることではなかった。かれが示そうとしたのは、第一、第二、第三（first、second、third）というようなタイプ別の「産業」の三分類ではなく、第一次、第二次、第三次（primary、secondary、tertiary）と継起的に行われるべき人間の「生産」活動の内容を三つに分けることであった。たんなる産業のタイプ分けであるのなら、端的に「第一、第二、第三」でもよかったはずである。

5　A・フィッシャーの「生産段階」

それはともかく、以上のようにして、C・クラークが著書のなかで第一次、第二次、第三次と分けたのは「産業」ではなかった。それは「生産」であった。かれは同書の叙述では「生産」を三分していたのである。しかしながら、ここですぐ断っておかねばならないのは、C・クラーク本人もまた混乱していたことである。なぜなら、かれ自身も同書のなかで「第一次産業」(primary industry)……などの用語を使っていたからである。

たとえば、かれが「生産」(production)を第一次、第二次、第三次に分けて説明したのは全12章から成る同書の第9章においてであった。ところが、まったく唐突なことに、その前に置かれた第5章のタイトルは「第一次産業の生産性」とされていた。あるいは、第7章のそれも「第三次産業の生産性」(第6章は「製造工業の生産性」)、などと表記されていた。どうして、このような混乱が生じたのだろうか。

結論をさきに言ってしまえば、それは、C・クラークにとって「第一次産業」……などという言葉遣いがかれ自身のものではなく、すでにかれの生きた時代にはよく使われる用語として知れ渡っていたものだったということである。つまり、そうした言葉遣いはかれの著書以前からも存在していた。

古くからの用語法　そもそも「第一次産業」……などの用語を、C・クラークよりも先に用いたのはA・フィッシャー(Allan Fisher)だとされている。たとえば、「産業を大きく第一次産業、第二次産業、第三次産業と分けたのはA・G・B・フィッシャーであったが、コーリン・クラークはこれに広範な統計的裏付けを与えた」、のだと（篠原三代平『産業構造』四頁）。実際に、C・クラーク本人も、このことについてかれの著書（第3版）の脚注のなかでとくに取り上げ、概略つぎのように述べていた。

すなわち、「その用語はもともとニュージーランドのA・フィッシャーによるもので、かれの著書の刊行を通じて広く知られるようになった。〈第一次産業〉（primary industry）とは農業、牧畜、狩猟、林業、漁業、鉱業であり、〈第二次産業〉（secondary industry）は製造業であり、また〈第三次産業〉（tertiary industry）は公的に第二次産業から除かれているものである」。そして、「オーストラリアやニュージーランドではこれらの用語は統計書で使用されるだけでなく、日常にも広くいきわたっている」（3rd ed., p. 491）、と。

そこで実際に、当のA・フィッシャーの著書"The Clash of Progress and Security"（1935）を開いてみよう。すると、たしかに同書のなかには primary industry などの表現がいくつか散見され（たとえば、四〇頁ほか）、当時、C・クラーク以前からもそうした用語法のあったことが確認できる。

しかしながら、ここでふたたび重要なのは、A・フィッシャーの著書においてもまた、かれが基本的に三つに分けていたのは「産業」（industry）でなく「生産」（production）であった、ということなのである。すなわち、かれは、「一般化するためには世界経済の歴史を鳥瞰して三つの段階に分けてみるのが便利であり、そのことが富の需要における変化の性格を明らかにするのに役立つ」と述べた上で、同書のほとんどの箇所では primary（secondary, tertiary）production、あるいは primary（secondary, tertiary）producing stage、などの表現を用いていた。つまり、「産業」ではなく「生産 production」を分類していたのである。

さらに、A・フィッシャーはつぎのようにも述べていた。「以上の概観はオーストラリアやニュージーランドでの一般的な表現法によっており、そこでは、農民、漁師、林業や鉱業に携わる第一次生産者（primary producers）と、大部分が製造業に従事する第二次生産者（secondary producers）とを分けるのが普通である」（二五頁）、あるいは「第三段階 tertiary（producing）stage は二〇世紀に始まる」（二八頁）、などと。

このようにして、A・フィッシャーもまたC・クラークと同様に「生産」を三分していたことがわかる。かれらが著書のなかで三分類したのはけっして「産業」ではなかった。A・フィッシャーにせよ、またC・クラークにせよ、かれらが分けたのは「生産」だったのであり、かれらの著書にも登場する「第一次産業」「第二次産業」「第三次産業」などの用語は、かれら以前からすでに通用していた「オーストラリアやニュージーランドでの一般的な表現法」を援用したものであった。

6　「産業」か「生産」か

さきに日本の就業構造の変化を挙げておいた。これは、よく知られているように国勢調査の際に行われる調査にもとづいている。そこで調査されるのは、もちろん回答者がどのような「産業」に従事したかではない。「就業の状態」である。つまり、どのような職種の仕事に従事したか、換言すれば、どのような生産活動（production）を行ったかについての調査である。

C・クラークはW・ペティにならって次のように述べていた。国々の「経済進歩の相異なる水準は、労働人口の分布の割合と非常に緊密に結びついている」、と。そこでかれは、さまざまな国のセンサス報告を使ってその事実を明らかにしようとしたが、国際比較のための統計資料が国ごとに不揃いなことを理由に挙げて、次のように釈明していた。「この種の分析は、〈産業〉（industry）または〈職業〉（occupation）のいずれによっても行うことができよう。〈職業〉とは、一人の男子または女子が現に従事しつつある仕事の型（type of work）を指すのであるが、〈産業〉とは、右の男子または女子の雇い主が行う業務またはサービス（trade or service）を指すのであって、それは〈職業〉とは非常に違うこともありうる」（大川他訳『経済進歩の諸条件』三七五頁）、と。

「資本主義の幼年時代」　ちなみに、前述したように、W・ペティは「なぜ国力においてオランダが相対的に優勢なのかという問題をたて、それをオランダの〈位置・産業・政策〉について論究」した。その際において、かれは「産業」の語には trade を使っていたが、それは、'Is the making, gathering, dispensing and exchanging of commodityes,' であったという。かつてW・ペティの生きた一七世紀の時代、すなわち「階級分化がきわめて不十分なイギリス資本主義の幼年時代」においては、まだ「職業と産業が不十分にしか分化しておらず、〈産業〉という概念がきわめて広範な社会経済的機能を包括していたのである」（『政治算術』「解題」一七四、一九七頁）。

それはともかくとしても、このように、C・クラーク自身は「産業」と「職業」（type of work, or production）の両者がたしかに「非常に違うこともありうる」ことを認識していたのである。その上で、かれは「産業」と「職業」の両者を便宜的にほぼ同じものとして利用せざるを得ない事情を釈明していたことになる。

なるほど、当時は資料の制約上からもこれらを近似的なものとして利用することはやむをえなかったのであろう。あるいは、かつての「職業と産業が不十分にしか分化していない」状態にあったような時代においては、「産業」＝「生産」としてもよかったのかも知れない。

しかしながら、一つの「産業」は、発展すればするほどその内部に個々に異質な生産活動を含みこんだ一種の集合体へと変化しはじめた。つまり、しだいに人間の生産活動の範囲はかつての分散孤立状態から、前後にまたがって存在するものへと変化してきたのである。言い換えるならば、「産業」と「生産」は今日までたえず分化し続けてきたのであり、「産業」が「生産」を包み込むように変化してきたのである。したがって、現代においては、もちろん、それらはまったく別個の内容のものとして認識されるべきであろう。また、今後もますます両者の意味内容は「非常に違うこと」となっていくことが予想されよう。

C・クラーク自身も次のようにいっていた。「炭坑のようなある種の産業においては、労働者の大部分は職業的にもやはり坑夫であるが、その他の産業においては千種万様の職業のものが雇用されるであろう」。つまり、炭坑では「産業」=「生産」としてもよいが、他の分野では必ずしもそうではない、と。かれはその一例として、「電気装置、電線ならびに電気器具」という産業においては、「金属鋳造工、金属機械工、機械組立工、得意廻り、製図工、事務員、一般労務者等として登録される多数の職業人（men of occupations）がみいだされた」ことについて述べていた（大川他訳『経済進歩の諸条件』四一〇頁）。このことを、別の論者はつぎのように表現する。すなわち、「産業は社会的生産の活動そのものの性質によって区別されるのに対し、職業はその活動における地位役割によって規定される……したがって、同一の産業に異なった職業の者が多数従事することになる」（有澤『現代日本産業講座I』七頁）、と。

以上、縷々述べてきたように、第一次、第二次、第三次などと分けられるべきは「産業」ではなかった。それは、「生産」(production)であった。実際に、二〇世紀の前半に生きたC・クラークは、そしてA・フィッシャーもまた同様に、かれらが著書のなかで分類しようとしたのは「生産」であった。すでにかれらの時代においては、「産業」と「生産」は「非常に違うことがありうる」ことが認識されていたからに他ならなかった。いわんや、今日ではそれから一世紀近くを経ている。現在においては、「農林漁業は第一次産業、製造業は第二次産業、……」などというように「産業」をどれかに分属させるような分類方法にはますます違和感が募ることになっている。

そこで問題は、なぜ、世間一般では「第一次産業」「第二次産業」……などのように「生産」が「産業」に置き換えられて広まったのだろうか、ということである。さきに掲げたC・クラークの邦訳書『経済進歩の諸条件』においては、それらは「第一次生産」「第二次生産」……などと正しく訳出されていたのである。

それはおそらく、前述したように、C・クラークやA・フィッシャーらの時代よりもっと昔から、つまり「職業と産業が不十分にしか分化していない」ような時代から「第一次産業」「第二次産業」「第三次産業」という素朴な言葉遣いが、オーストラリアやニュージーランドにおいて、あるいは他の諸国においても、広く通用してきたからなのであろう。そのような「資本主義の幼年時代」においては、「産業」=「生産」であってもよかった。むしろ、その方が自然なことでもあったろう。しかし、その後、時代が変わって両者が「非常に違うこともありうる」ことがしだいに認識されはじめた。当然、新たな言葉遣いが準備されるべきだったのである。それにもかかわらず、それまでに広く通用してきた用語法そのものは根強く生き残った。伝統的な言葉遣いだけがそのまま今日にいたるまで生きながらえてきたのである。

ちなみに、有澤廣巳は、「クラークは、生産を第一次的、第二次的、第三次的と類別する。第一次生産（産業）のもとには農業、牧畜業、水産業……」、などのように述べて、「生産」のあとに（産業）と言い換えている（有澤『現代日本産業講座Ⅰ』一一頁）。

7　「鉱業」の分類について

もう一つ、C・クラーク説について考えてみよう。「鉱業」の位置づけである。さきに掲げた引用文にもあったように、かれは鉱業を「第一次生産」でなく、製造業と同じ「第二次生産」のなかに入れていた。つまり、「鉱業は、製造工業、建築および公共事業、ガスおよび電気供給業を包括する第二次生産にふくませた方が一層適切である」、と。

しかしながら、他方で、かれは同じ著書のなかで「種々の目的のために、鉱業は第一次産業の中に入れられるべきである」（第7章の脚注、訳本二九七頁）、とも述べ、大いに混乱していた。この混乱の原因は、これまで指摘してきたように、「産業」というものを無理やりに第一次、第二次などと、いずれかに分けてしまうことが抱える問題点と密接につながっていた。

日本の論者にもつぎのような指摘がある。「普通の用法に従へば、工業に鉱業を包含せしむることがある。然しながら、鉱業は農林業、水産業等と同様、抽出産業に属するのであつて、財貨の加工、即ち変形、変質を要素とする工業とは本質的に異なる」（日崎憲司『工業経済』三頁）、と。あるいは、別の論者はつぎのように述べていた。「工業は自然物に加工作業を加えて、自然物とは形状や質料が異なる非自然物を生産する加工産業である。それゆえに、採取・育成作業によって自然物を生産する農業、林業、狩猟業、漁業、水産養殖業、鉱業（精錬作業をのぞく）などの採取・育成産業とは異なる」（木村敏男「工業」『岩波経済学辞典』三七七頁）、と。

ここにみるように、「鉱業」の位置づけについて、前者では「抽出産業に属する」と断言している。他方では、後者の論者によれば、興味深いことに、わざわざ「鉱業（精錬作業をのぞく）」などと記述する必要性があった。すなわち、さきにもふれておいたが、「鉱業」には採取作業と精錬作業との両方が含まれている。鉱業という「産業」には、坑夫が鉱石を掘り出す採鉱作業だけでなく鉱石を精錬加工する冶金作業も含まれている。にもかかわらず、採鉱作業は「第一次産業」、冶金作業は「第二次産業」、などと分けることに疑問を呈しておいたのである。

ある論者はつぎのようにいう。「採鉱と冶金とは密接に結びついており、同じ企業の内部において兼営されることはしばしば見られるところであって、両者を切り離すことが、かえって不便であったり困難であったりする」（静田均『現代工業経済論』一二頁）、と。周知のように、今日の日本の通説的な分類に従うならば、鉱業はいわゆる「第二次産業」に分けられることとなっている。それは、「採鉱と冶金とは密接に結びついて」いるからばかりではなく、「鉱工業」という語もあるように、現在では採鉱プロセスより冶金プロセスの方が相対的に重きをなすようになったことを反映してのことなのであろう。

以上、要するに、鉱業という一つの「産業」そのものについて、これまで、それは抽出産業なのか加工産業なのか、あるいは第一次産業なのか第二次産業なのか、などと議論してきたことそれ自体にそもそもの問題点があったのである。鉱業という「産業」は、もとよりそれら両者にまたがって存在している。

「第六次産業」　ちなみに近年では、これまで「第一次産業」に分類されてきた農林漁業を振興するために、それをいわゆる「第六次産業」化しようとする呼びかけがさかんである。農林漁業の領域をたんに田畑や魚場など作業現場での抽出・採集、あるいは育成作業だけに限定することなく、さらには加工し販売するプロセスまでをもその範囲内に取り込もうとする運動である。つまり、「一次＋二次＋三次＝六次」というわけである。農林水産省はその運動推進のために二〇一一年春に「六次産業化戦略室」を設置している。これらのことは、今日、すでに他の多くの「産業」が実際に「六次産業化」してきたのに較べて、農業（農家）や水産漁業（漁師）においては自ら加工や販売にまでまたがる展開が遅れてきたことを物語っている。

8　有効期限の切れた産業分類

ある論者は、C・クラークによる「産業」の「分け方には難点」がある、としてつぎの二点を指摘していた。つまり、C・クラークの分類では「鉱業は一次と二次の境界線上にあり、〔また〕第三次は異質なものを一括している」（宮澤健一『産業の経済学』五五頁）、と。

しかしながら、指摘の前半については、繰り返し述べてきたように、真の「難点」は鉱業を「一次と二次の境界線上」においたというかれの曖昧さにあったのではない。鉱業という一つの「産業」をいずれか一方だけに分属させようとしてきた旧来の方法にこそあるとしなければならなかった。ここでは、後半の「異質なものを一括している」とされるいわゆる「第三次産業」について見ていこう。

「ごちゃまぜの第三次産業」　前に掲げた引用文にもあったように、C・クラークは「第三次生産」について、それを「〔第一次、第二次生産以外の〕その他いっさいの経済活動……その主たるものは、配給業、運輸業、行政、家事労務および非物的産出物を生産するところの、その他いっさいの活動である」、と述べていた。なるほどC・クラークの三分類では、かれの生きた時代状況を反映してか、第一次と第二次の分類に主眼が置かれており、それら以外はまとめて「第三次生産」のなかに一括されている。たしかに、C・クラークの「第三次産業は家事使用人労務やら運輸業やら小売商やらをごちゃまぜにした、いわば混成産業であって、はたしてこれは一括して取扱いうる概念であるかどうか、はなはだ問題であるといわねばならない」（篠原『産業構造』四頁）のである。

あるいは、たんにそれが「ごちゃまぜのいわば混成産業」だからではなく、今日においてはすでに時代変化の趨勢に合致しないものになったことも指摘されている。たとえば、「もともと物財産業として内容の明確な第一次および第二次産業を除いたあとの、いわば〈その他〉産業としてグループ化された第三次産業は、すでに全体の三分の二近くのウェイトを占めるようになりつつある。このような状況のなかで、物財産業中心の視角からのクラーク的な三分法による見方は、もはや事態の変化に即応しえないものになりつつある」（坂本和一『現代工業経済論』六四頁）、という議論である。実際、前掲の表にも示したように、日本では「第三次産業」の就業者人口はすでに一九七〇年代前半に五〇％を超えてしまい、今日では七〇％台にも達している。

「サービス経済」の時代　このような変化を捉えて、早くにそれを「サービス経済」時代の到来と表現したのはV. R. Fuchsの“The Service Economy”（1968）であった。つまり、かれは「非

表2　職業別就業構造の変化

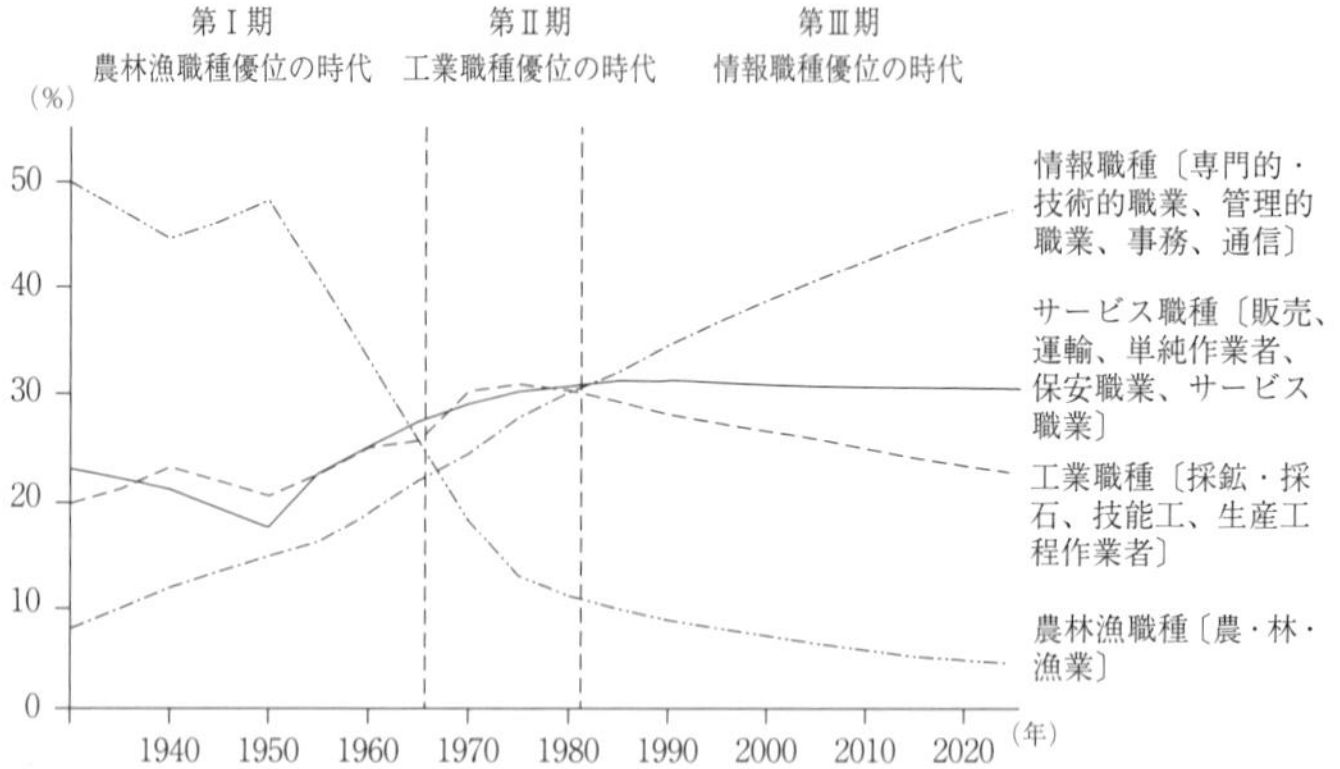

出所：国土庁計画・調整局編『日本・21世紀への展望』1984年、106頁。

物財産業部門に従事する就業者の就業人口に占める比率が、物財産業部門に従事する就業者の比率を超えることをもって〈サービス経済〉（Service Economy）の時代の到来を提唱」（坂本和一、五三頁）していた。さきのC・クラーク自身もまた、その著書の第三版において次のように述べていた。「これまで〈第三次産業〉の語が使われてきたが、今やその有効期限の終わりに近づいたようであり、それは〈サービス産業 service industries〉の語に置き換えられよう」（3rd ed. p. 491、脚注）、と。こう述べて、かれはその第7章のタイトルを、第二版の The Productivity of Tertiary Industry から The Productivity of Service Industry へと変更していた。

表2は、国土庁計画調整局編『日本・二一世紀への展望』（一九八四年）が掲げた「職業別就業構

造の変化」である。そこでは、同表にあるように職業別就業構造を四つの「職種」に分けていた。さらにその後、これを再区分の指標として用いながら、旧来の「第三次産業」を「(新)第三次産業」と「第四次産業」とに分割することを主張したのが、経済同友会の報告書『活力ある国際協調型の産業構造の形勢に向けて』(一九八七年)であった。あるいは、経済企画庁総合計画局編『二一世紀への基本戦略』(一九八七年)においては、旧来の三区分に代えて、第一次と第二次を統合した「物財生産部門」、および第三次を二つに分割して「ネットワーク部門」と「知識・サービス部門」とに分けることが提案されていた(以上、くわしくは坂本『現代工業経済論』六八～七四頁)。

今日、日本のアニメ作品が世界で注目されている。IT分野に関わる新製品も続出している。あるいは他方で、たとえばマイセンの陶器や九谷焼など各種の伝統的な工芸品の「生産」がある。これらの作品の「生産」は、はたしてC・クラーク的な三分類ではいったいどこに「分属」されることになるのであろうか。現在では、「モノの生産」においてもたんなる製造加工の面だけにとどまらず、ますます知的・芸術的・伝承的・情報産業的などの諸要素を重視しなければならなくなっている。

時代は大きく変化してきた。したがって、上に述べたようなさまざまな提案内容は今日ではいずれも合理的で妥当なものと考えられる。何よりも近年の情勢変化を的確に反映しようとし、それに合致した分類のあり方を模索してきたものだからである。しかしながら、それらの提言からすでに二〇年以上の歳月を経た今日においても、一般的には、まだC・クラーク的な「第一次、第二次、第三次産業」という素朴な産業分類が広く行われている。職業と産業とが未分化な「資本主義の幼年時代」から長らく人口に膾炙してきた産業三分類とその用語法が、「今やその有効期限の終わりに近づいた」今日においても、まだ根強く生き残っているわけである。

ちなみに、今日の中国ではこの分類に際してしばしば「第一産業」「第二産業」「第三産業」という用語が使われている。中国で、「第一、第二、第三」としているのは、それがたんなる産業のタイプ分けだと受け取られたからなのかも知れない。また、そこで「生産」でなく「産業」としているのは、もちろん日本でそれらを「産業」と呼び慣わしてきたことから受けた影響なのであろう。

【参考文献】

有澤廣巳「産業論のはじめに」『現代日本産業講座Ⅰ』岩波書店、一九五九年
小田切宏之『新しい産業組織論』有斐閣、二〇〇一年
北川豊「サービス産業という用語法」経済統計学会『統計学62』一九九二年
木村秀次「〈産業〉の語誌」『鎌田正博士八十寿記念漢文学論集』大修館書店、一九九一年
木村敏男『日本産業論』法律文化社、一九八四年
コーリン・クラーク著、大川一司・小原敬士・高橋長太郎・山田雄三訳『経済進歩の諸条件』上・下、勁

草書房、一九五三・一九五五年
経済企画庁総合計画局編『二一世紀への基本戦略』一九八七年
経済同友会『活力ある国際協調型の産業構造の形勢に向けて』一九八七年
国土庁計画調整局編『日本・二一世紀への展望』一九八四年
坂本和一『現代工業経済論』有斐閣、一九八八年
静田均『現代工業経済論』有斐閣、一九六二年
篠原三代平『産業構造』春秋社、一九五九年
杉原四郎編『日本経済雑誌の源流』有斐閣、一九九〇年
総務省『日本標準産業分類（平成一九年一一月改定）』全国統計協会連合会、二〇〇八年
高島俊男『漢字雑談』講談社、二〇一三年
鶴田俊正・伊藤元重『日本産業構造論』NTT出版、二〇〇一年
フュックス著、江見康一訳、『サービスの経済学』日本経済新聞社、一九七四年
ペティ著、大内兵衛・松川七郎訳、松川七郎解題『政治算術』岩波書店、一九五五年
宮澤健一『産業構造分析入門』有斐閣、一九六六年
宮澤健一『産業の経済学』第2版、東洋経済新報社、一九八七年
目崎憲司『工業経済』有斐閣、一九四一年
Clark, Colin, *The Conditions of Economic Progress*, Macmillan and Co., 1940
Fisher, Allan, *The Clash of Progress and Security*, Macmillan and Co., 1935
Fuchs, Victor, *The Service Economy*, Columbia University Press, 1968

第4章　戦後の新用語「重化学工業」の誕生
――なぜ二つの産業は一つに合成されたのか――

1　「重化学工業」という合成語

いわゆる「重化学工業」という用語は経済学の分野だけに使われる言葉ではない。それは日常的にも広く人口に膾炙されてきた言葉である。経済用語ではあるものの、ごく一般にも見聞きすることの多いありふれた日本語の一つにすぎない。しかし、この「重化学工業」という語は、実はそれほど当たり前の用語でもない。以下に見ていくように、ある種の時代背景をもって、第二次大戦後に初めて誕生した新たな用語なのである

そもそも日本経済において「重化学工業」と呼ばれる諸分野の成長が注目されはじめたのは、すでに戦前の一九三〇年代から戦時中にかけてのことであった。しかし、よく知られているよう

に、それが全面的に花開いたのは第二次大戦後のことである。戦後の日本経済こそはまさしく重化学工業を産業構造の基軸に据えて発展してきたのであり、とくに一九六〇年代を中心とする日本経済の高度成長は重化学工業の躍進によって支えられた。つまり、「一九七〇年に至るまでの時期は、急速に重化学工業のウェイトが上昇してきた時期であり、まさしく戦後日本の重化学工業化の展開期」であった（坂本和一『現代工業経済論』八七頁）。それだけに、今日、この「重化学工業」という用語は第二次大戦後における日本経済の成長発展を象徴するキーワードの一つともなっている。

「重化学工業」というのは、ここに改めていうまでもなく「重工業と化学工業のことである」（橋本寿朗「重化学工業化論」三二五頁）。両者を一つに合成して作られた新用語である。しかしながら、後にも述べていくように、重工業と化学工業の両者はそれぞれに内容も性格もまったく異なる二つの産業なのである。いったい全体、なぜそれらは一つの用語のなかに合成されたのだろうか。

戦後生まれの新用語　しかも、より興味深いのは、この「重化学工業」という合成語は戦後になって初めて誕生し、広く定着しはじめた日本語だということである。仄聞のかぎりでは、戦前にはこの日本語は存在しなかった。戦前においては、新聞にも雑誌にも、そして経済関連の専門書などにも「重化学工業」という用語は出てこない。

周知のように、各種各様の内容をもつ製造業（あるいは工業分野）は、これまでは重工業・軽工業・化学工業の三つに大別するのが普通であった。しかしながら、「現在では軽工業、重工業、化学工業に三分するとともに、後二者を重化学工業として一括し、軽工業と対蹠させるのが一般的である」（木村敏男『日本産業論』五一頁）。戦後の日本社会のなかで誕生した「重化学工業」という言葉は、三者のうちの重工業と化学工業とを一つに合成して作られた新用語なのであり、他方の「軽工業」と対比させながら産業構造の高度化や近代化を示すのにも用いられてきた。

以上はともかくとして、ここでの問題とは、なぜ第二次大戦後の日本でこれら二つの異なる工業分野が一つの用語のなかに合成されることとなったのか、である。さきにもふれたように、重工業と化学工業はそれぞれに内容も性格も異なる産業であった。「重工業と化学工業とはその生産の技術的方法に本質的な違いがある。前者は典型的な機械的加工が主要工程であるのに、後者はいわゆる装置産業の典型である」（有澤廣巳「産業論のはじめに」二二頁）。

したがって、戦前の日本社会においてはこれら異質のものが一緒にされることはなかった。戦前まではあくまでも「重工業」と「軽工業」という分け方が主流であって、この二分法を基本として、「化学工業」は第三のカテゴリーとして位置づけられてきたのである。つまり、重工業と化学工業とはまったく別個のものとしてとして扱われてきた経緯がある。仮にもしこれら二つを並列して述べる必要が生じた場合であっても、たとえば「重工業及化学工業」のように丁寧に併記するのが普通であった。あるいは、「重工業・化学工業」などのように、両者をそれぞれ明確に区別して表現してきたのである。

すなわち、戦前においては、ごく一部の例外的なケース（後述）を除いて、今日の「重化学工業」の語のように両者を一つに合成するようなことはしなかった。戦時中の統制経済の時期にもなると、表現をより簡略化して「重・化学工業」などのように表記するケースも見られた。しかし、それでもやはり重工業と化学工業の両者を並置して記述することに変わりはなかったのである。英語などの西欧語においては、今日でもたとえば heavy（industry）and chemical industry などのように表記しており、やはり両者を並置した形で述べるのが通常となっている。

いったい全体、なぜ第二次大戦後の日本において、これら二つの異なる内容の産業は一つの用語の中に合成されることになったのであろうか。本章では「重化学工業」という用語の誕生を追いかけることとなるが、それを考察することはたんなる用語上の詮索を超えて、日本経済における産業構造の変遷の歴史について物語ることにもなろう。

さて、以下で考察を進めていく前段として、とりあえず次の二つのことを簡単に見ておく必要があろう。一つは、日本経済における実際の「重化学工業」分野の歴史的な推移についてである。つまり、「重化学工業化」の推移であって、重工業および化学工業の両分野が具体的に日本経済に占めてきた比重の歴史的変遷についてである。そしてもう一つは、いわゆる「重工業・軽工業・化学工業」という三区分そのものの内容についてである。それらの三区分は何でもってなされてきたのであろうか。これまでの区別は必ずしも明快なものではなかった。

2　重化学工業化の推移

最初に「重化学工業化」の実際の推移について一瞥しておくと、前述したように、それが全面的に花開いたのは第二次大戦後の高度成長期のことであった。しかし、日本経済において重化学工業（重工業と化学工業）の諸分野が顕著な発展をみせはじめ、注目される存在となったのはすでに戦前の一九三〇年代以降のことに属する。表1は戦前における重化学工業化の推移を数字で示したものである。そこに見るように、一九三〇年代を迎えて重工業（金属および機械器具）と化学工業の生産額が顕著に増大しはじめたことがわかる。両者の合計額が軽工業を追い抜いたのはその中盤以降のことであった。

表1　戦前における重化学工業化の推移

（単位：％）

	金属	機械器具	化学	小計	紡織	食料品
1909	2.2	5.2	11.0	18.4	9.7	18.8
14	3.5	8.1	12.8	24.4	45.2	16.0
1920	5.3	14.7	10.3	30.3	40.8	13.0
25	6.0	6.5	10.8	23.3	45.7	15.6
1930	8.7	10.3	15.5	34.5	34.1	16.0
32	9.9	9.1	16.0	35.0	33.9	14.8
34	15.6	11.5	16.1	43.2	31.1	11.1
36	17.8	12.3	18.5	48.6	28.5	10.2
38	23.3	17.4	19.0	59.7	19.5	8.9
1940	19.4	22.1	18.4	59.9	16.6	9.0
42	20.1	28.7	17.2	66.0	11.1	7.6
45	17.9	49.5	9.4	76.8	5.0	5.1

出所：日本統計研究所編『日本経済統計集』日本評論新社、58〜59頁から作成。

「暗く輝ける一九三〇年代」　この一九三〇年代というのは、日本経済史の上ではとりわけ興味深い一〇年間であった。一九三〇年代は「昭和恐慌」の惨状のなかで幕をあけている。続いて政治テロや武力衝突（満洲事変や上海事変など）が繰り返され、一九三三年には国際連盟から脱退して国際的にも孤立した。そして、一九三七年からは日中戦争が本格化していよいよ泥沼に陥ることとなる。この一九三七年には戦時統制に関連する法律が相ついで制定されたのであり、日本経済は経済史上の区分で「戦時統制経済」と呼ばれる時期へと移行する。翌三八年には国家総動員法が出された。

しかしながら、他方では、この一九三〇年代とは、まさしく荒川幾男『昭和思想史』（朝日新聞社、一九八九年）が同書の副題につけていたように「暗く輝ける一九三〇年代」でもあった。なぜなら、それは金輸出再禁止や時局匡救事業、また軍事費支出（満洲事件費や兵備改善費）の増大などとともにスタートしたのであり、それらがもたらした好影響によって日本経済は恐慌状態から早期に脱することができたからである。日本の一九三〇年代は恐慌や政治テロ、武力衝突によって幕が開いたものの、半面では経済活動がひときわ活気づいた一〇年間としても特徴づけられる。日本経済は早くも一九三二、三三年ころからは未曾有の経済ブームに沸き立ちはじめ、全般的な好景気を享受することになったのである。

たとえば、当時の新聞や雑誌を見てみれば、一九三〇年代の前半に日本経済の様相がガラリと一変したことがわかる。産業界は数多くのビジネス・チャンスに恵まれるようになり、好景気の追い風にあおられるようにして民間の重化学工業部門が目覚しく成長しはじめた。あるいは、財閥などの大企業や「新興コンツェルン」と呼ばれた企業グループが、西欧から新産業や新技術を積極的に導入し、それに独自の改良を加えながら重工業や化学工業の新部門へと乗り出していった。一九三〇年代には「多くの工業は政府を中心とする国内需要で忙しく……即ち機械、航空機、自動車、科学機械、金属製品、造船、及び化学工業等の部門では今日ではあらゆる種類の製品を産出し」はじめた（東洋経済新報社編『日本経済年報』第21輯、一九三五年、一〇二頁）。

「重工業時代」　もちろん、一九三〇年代前半にはまだ「紡織工業が依然我が製造工業の王座を占め」る勢いを維持していた。しかし、他方では「金属工業、機械器具工業、化学工業のそれは著しく高められた」（前出、『日本経済年報』一〇四頁）。すなわち、「最近は金属工業と機械器具、化学工業、大体重工業に属するもの、生産が四割四分を占めて居るのでありまして、繊維工業が占めて居る部分は三割三分に減つて居ります」。また、「明に昭和七・八年（一九三二・三三年）を区限りにして、日本は重工業時代に移りつゝあるのであります」（高橋亀吉「統制の重点は生産力の急増」『東洋経済新報』一九三六年六月六日）。

このようにして、一九三〇年代の前半から日本経済は急速にいわゆる「重工業時代」へと移行しはじめた。橋本寿朗『大恐慌期の日本資本主義』（一九八四年）は、これらのことについて、「生産拡大は急で……〔一九〕三〇年代においては国産品が重化学工業品市場を掌握」するようになった、と指摘している。あるいは、「機械工業、鉄鋼業といった重工業の生産拡大によって、それら自体の設備投資が増大し、その設備投資がまた重工業の生産を拡大するという内部循環的生産拡大が展開した」（二三七、三〇七頁）、と強調していた。いわば「投資が投資を呼ぶ」状況がもたらされたのであり、とくに金輸出再禁止によって円安に動いた為替相場は外国製品に対する競争力を与え、また大いに国産化を促して内需主導の重化学工業化を可能とさせたわけである。

しかし、それは長くは続かなかった。一九三〇年代の終盤から日本経済が戦争経済（統制経済）体制へと移行していった中で、重化学工業の諸部門は否応なしにいびつな内容のものに変質せざるを得なかったからである。すなわち、一九三七年以降の戦時統制経済の下では産業の全体がいわゆる軍事産業化しはじめたのであり、なかでも重化学工業の諸部門は各種の軍需関連工業と密接に結びついた。

以上はともかくとしても、このように一九三〇年代において、とくにその中盤以降の日本経済では、重工業と化学工業とが飛躍的な隆盛を見せはじめたのである。そのことは、当時の新聞や雑誌上においてこれら両者を並置して表現する機会を増大させずにはおかなかった。つまり、前述したように、いよいよ「重工業及化学工業」または「重工業・化学工業」、あるいはさらに「重・化学工業」などという字句が踊りはじめた。

3 「重工業及化学工業」から「重・化学工業」へ

戦前において、実際に「重工業及化学工業」、「重工業・化学工業」などのような表現はどのような文脈の中で登場したのだろうか。具体的に見ていこう。

たとえば、「我国工業の基礎構成――軽工業と重工業の比重は如何に変化したか――」ということについて、一九三六年刊の雑誌『東洋経済新報』はつぎのように述べていた。「我国工業に於ては未だ重工業の比重は軽工業に較べると可成り低い。金属及機械器具工業の生産額を合せたものは総額の二八％に当り、紡績工業だけと比較しても低い。然し乍ら重工業と化学工業とを合せると四四％となり、可成り大きな比重となる……兎に角重工業及化学工業の比重の増大の跡が知られる」。あるいは、「これは重工業及化学工業の生産増加のテムポが紡織工業の生産増加のテムポよりも一層速かなことを物語る。斯くして我が工業が次第に高度なものとなりつゝあることが判る」。

このように述べて、同誌は結論的につぎのように結んでいた。「重工業及化学工業の比重は紡織工業には遥かに及ばない。然し乍ら……重工業及化学工業の比重が重くなる傾向にあり、これは尚今後に於ても続くものと見られる。近代的工業の色彩が濃化しつゝある訳だ」（「工業統計より見たる我国工業の基礎構成」『東洋経済新報』一九三六年六月六日）。

このような状況は翌一九三七年においても加速化されていく。たとえば、「金属、機械器具、化学の各工業は前年に比し夫々いづれも顕著な増加率を示してゐる……重工業及化学工業の発展のテムポが、より急速なる事を物語る……我国の産業は、紡績産業時代より重工業、化学工業時代に比重が変化しつゝあることだが、此の新方向は一一（一九三六）年以降に於て一層強まつてゐる」（「工業統計速報に現はれた我国工業の新方向」『東洋経済新報』一九三七年四月一〇日）。

さらにまた、その翌年の一九三八年にも、「金属工業と機械器具工業を合計して仮に重工業とすれば、重工業は工場数においては二二％、職工数においては二七％を占めるが、生産額においては三二％を占め、裕に紡織工業を凌ぐことゝなる。重工業に化学工業を加へれば四九％に達し、殆んど我国工業生産額の半ばを占めるのである」（「工業統計速報が示す我国重工業の飛躍的発展」『東洋経済新報』一九三八年四月九日）。

このようにして、一九三〇年代後半の日本経済では、急速に「工業の中心は重工業方面、化学工業方面に移つて来た」。すなわち、「重工業及び化学工業は軍需といふ事を背景に持つて居り、戦時体制の核心を形成」（前田梅松「軽工業と重工業」『科学主義工業』一九三八年五月、一一二頁）してきたのである。あるいは、別の論者によっても、「最近六、七年間における産業全般の発展は……軽工業に比して重工業及び化学工業の比重が大となつたことである」（田杉競「日本の工業化と新興コンツェルン」『科学主義工業』一九三八年六月、一八一頁）、などと指摘されていた。

「重・化学工業」　さらには、当時、ある論者はその著書のなかでつぎのように述べていた。「重工業といふ言葉は厳格に用ひる場合には鉄鋼及石炭工業位に限られるものであらうが、こゝでは機械工業及化学工業等まで併せて述べておいた。といふのは……これらの諸部門は資本的にも技術的にも相互に緊密に関連してゐる上に、最近数ケ年来、相率ゐて勃然と隆興に向かつてきたものだからである」（小島精一『日本重工業読本』はしがき、一九三七年）。そして、かれはそう指摘した上で、同書のなかではすべてを「重・化学工業」という表現で統一していた。いうまでもなく、この「重・化学工業」という表現は、のちに「重化学工業」へと転化合成される一歩手前のものとして注目すべきであろう。

以上見てきたように、一九三〇年代（とくにその後半）の日本経済では重工業および化学工業の顕著な隆盛が見られた。そして、そのことを背景として、新聞や雑誌などではこれら二つの産業を一つに並べて表記する機会がいよいよ増大しはじめたのである。

「軍事的重化学工業化」　半面、それまでの日本経済において重要産業としての地位を占め続けてきたのは、上にも出てきたように、繊維や食品、雑貨などの軽工業の分野であった。なかでも繊維工業の占める比重が大きかった。たとえば、日本が国際市場で英国を追い抜いて世界最大の綿布輸出国となったのは一九三三年のことであった。また、レーヨン（化学繊維）工業でも一九三七年には米国を凌駕して世界一の生産額を誇った。当時の日本経済はまさしく世界一の「繊維王国」であった。

しかし、一九三〇年代終盤から四〇年代前半にかけ、日本経済が戦時体制へと移行していくなかで政府・軍部による統制介入が強まってきた。とくに資源の配分については「重点産業」主義がとられ、前掲表1でも見たように、繊維など軽工業の生産額は急速な縮小を余儀なくされた。あまつさえ、「不要不急産業」とされた生産設備は次々と軍事用途に転換あるいは供出されていった。すなわち、戦時期には「企業整備」などを名目として、多くの生産設備や資源が強制的に軍事目的の重化学工業分野に供されたのであり、いわば「むきだしの軍事的重化学工業化」（伊藤正直「資本蓄積(1)　重化学工業」一一九頁）が進められた。

しかしながら、それが長く続くはずもなかった。無理に無理を重ねた「軍事的な重化学工業化」は、敗戦によって破綻せざるをえなかった。軍需関連の重化学工業分野の機械設備は戦災によって壊滅的な打撃を受けたのであり、敗戦後の日本経済の再出発はやはり軽工業の諸部門に頼るほかはなかったのである。敗戦直後の日本経済においては、乏しい重化学工業関連の諸分野は鉱業や軽工業などと一緒に「鉱工業生産」のなかに一括されるにとどまった。

戦後において民間の重化学工業の諸分野がふたたび成長軌道に乗りはじめるのは、一九五〇年代に入ってからのことである。一九四六年末の閣議決定を受けて試みられた「傾斜生産」の効果や、あるいはGHQによる占領政策の転換（重化学工業分野の制限解除）、そして「朝鮮特需」などが再スタートの前提条件であった。こうして、やがてふたたび日本経済に機械・金属・化学の三分野が並列されるような時代が訪れることになる。戦後における重化学工業化の動きは、のちに述べるように「産業構造の高度化」という掛け声とともに強力に進められて、高度経済成長の時期を迎えるのである。

4　工業の三区分

つぎに、重工業・軽工業・化学工業という三区分の内容について簡単に見ておこう。それらは一体、何を基準に分けられてきたのだろうか。

これら三つのうち、まず重工業と軽工業については、字義通りに、その容積に比しての原料や製品の重量によって分けられてきた。さらには、重量の相違は生産設備や労働力の質的な違いとなって現れるとも指摘されてきた。たとえば、「重工業生産における生産設備の豪壮・頑剛・強靭な機構と、軽工業生産におけるその矮小・軽易・単純な活動との対比」、または、「重工業労働力基調としての科学的・技術的な熟練と体力と、軽工業における自然生的・手工業的な習熟と操作の対比が、一層決定的な意味をもつ」（木村敏男『経済学小辞典』五二頁）、などと。

さらには、後にも述べるように、前者は主として生産財の生産を担当するのに対して後者は消費財の生産が中心であるとされてきた。あるいは、「重工業は一面において先進国における産業の基幹であり、産業発展の推進力であるが、同時にそれは独占時代の基盤であり、軍国主義と帝国主義政策の経済的基礎であるという他の側面をももっていた。軽工業が概して競争的、平和的な産業とみられるのと対照的な性格をもつ産業と考えられてきた」（有澤廣巳、前掲書、二一頁）、という指摘もある。

「重工業」と「軽工業」 普通一般に「重工業」という場合、それは機械（組み立て）工業や金属（冶金）工業の総称であって、それらの製品は概して重量物であることが多い。いわゆる「重厚長大」産業である。たとえば、機械工業では自動車、工作機械、電気機械、造船業などが典型であろう。また、金属工業はそれらの機械工業に向けた原材料の供給を担当しており、鉄鋼業がその代表格といえる。

ちなみに「重工業」に関連してつぎのような指摘がある。「三菱重工業㈱」という社名を持つ大企業が誕生したのは一九三四年のことであった。当時の三菱造船と三菱航空機の両社が統合されて生まれたマンモス企業であった。この「〈重工業会社〉という社名は……英語の Heavy Industries の訳である。〈重工業〉は当時は耳慣れない名前だった……今日ではこの言葉は普通名詞になり、日本以外の漢字語圏でも広く使われるようになっているが、このとき〔岩崎〕小彌太がつくった言葉だった」(宮川隆泰『岩崎小彌太』一四七頁)、という。しかし、必ずしもそうではないであろう。「重工業」の語は、すでに遅くとも一九三〇年代の冒頭には経済雑誌などで普通一般に使われる用語となっていたからである。たとえば、「資本主義発達の順序から云ひますと、何うしても軽工業主義から重工業主義に移ると云ふことになる」、あるいは「近代国家として必要な要素は運輸業と重工業であらう」(『東洋経済新報』一九三一年一〇月一〇日号、三八、三九頁)、など。

さて、以上の重工業に対して、「軽工業」とは何なのか。それは一般に、繊維、食品、雑貨など軽い製品の製造業の総称とされる。よく知られるように、明治維新以降、近代日本の民間工業では軽工業が中心を占めてきたのであり、なかでも繊維産業の比重が大きかった。前にもふれたように、戦前の日本は世界に冠たる「繊維王国」であった。しかし、軽工業が全体に占める比重は、一九三〇年代後半から戦時経済期にかけて縮小の一途をたどり、その席を重工業や化学工業へと譲ってしまった。すなわち、急速な「重化学工業」化の動きであった。戦前の一九三〇年代に生じたこの劇的な変化こそは、ある意味で、戦後に花開くこととなる本格的な重化学工業時代を準備する動きであったともいえよう。

第三の「化学工業」　それでは、以上の重工業や軽工業に対して、第三の「化学工業」というのは一体どのような性格の産業なのだろうか。

ある論者はいう。「化学工業には他の産業とは異質の何かがある。この異質なもの、特異性の内容をつきとめ」るならば、化学工業とは一般的に「その生産過程において化学的変化を利用した産業の総称」である（鈴木治雄『化学産業論』二頁）。すなわち、化学工業というのは「化学的技術が工程の主要部分をなす工業」（「化学工業」『理化学辞典』岩波書店）のことである。あるいは、「原料から製品に至る諸工程に於て化学的処理が重要な要素を成す工業」（亀山直人『化学工業総論』一頁）である。あるいはまた、「其の生産工程に化学的過程を含むと共に装置が本質的労働手段たる産業」（馬場敬治『化学工業経済論』四一頁）なのである。

三区分の問題点　さて、以上が、三つの産業、すなわち重工業・軽工業・化学工業のそれぞれの内容であった。また、それらの区別の基準とされてきた内容についての概略であった。しかし、そこにはいくつかの問題点がある。

たとえば、重工業と軽工業の区別の基準は原料や製品の重量の相違、あるいはそのことによる生産設備の違い（重装備か軽装備か）ということであった。しかし、いうまでもないことだが、重量の相違による工業分野の区分というのはあくまで相対的なものであって、「学理的であるよりもむしろ常識的であり、日常の便宜的手段として選ばれるにすぎない」（静田均『工業経済』一七頁）。あるいは、かつてそれが有効であったろう一九世紀的な素朴な時代の区分であった。つまり、そうした区分は、「発生的にはおそらく金属材料の生産と再加工に関連して、木材や繊維材などのそれと区別して使われ出した概念であろう」（高橋哲雄『産業論序説』一四頁）。したがって、時代が大きく変遷するにつれて、とりわけ今日のように各種のエレクトロニクス製品やＭＥ技術関連などの「軽薄短小」産業が大きなプレゼンスをもつような時代になると、これまでの重工業・軽工業という重量を基準とする区別は急速にその意義を失ってしまった。

さらに、以上の三区分についてのより重要なポイントは、重工業と軽工業の区分では重量の相違が基準であったのに対して、他方の化学工業は生産方法（化学的変化）という別の基準でなされてきたことである。いうまでもなく、化学工業の製品にも重いものと軽いものがある。しかし、それは金属製品ほどに重くはない。したがって、戦前段階の日本で主流を占めた「重工業と軽工業」という二分法の枠組みのなかでは、化学工業はむしろ紡織工業や食料品工業などと一緒にされて、軽工業の方へ引き寄せられる場合も見られたのである（たとえば、『東洋経済新報』一九三四年九月一五日、七五頁）。言い換えるならば、「化学工業をめぐる分類の曖昧さは、結局は化学工業を規定するものが生産方法としての化学反応技術であって、製品ではないというところに原因がある。その化学工業を、造船業、自動車工業、機械工業など、製品によって規定される産業と同列に論じること自体に矛盾がある」（鈴木治雄『化学産業論』一五頁）。

以上要するに、少なくともここで確認できるのは、重工業と化学工業という二つの工業分野は、内容や性格をまったく異にする、それぞれに別個の産業だったということなのである。両者はそれぞれに異質な産業であった。それでは、いったい全体、なぜそれら異質な二つの産業は「重化学工業」という一つの用語のなかに合成されていったのであろうか。

5 「重化学工業」と「軽化学工業」

ところで、さきに「重化学工業」は戦後生まれの新用語であると述べた。繰り返し述べてきたように、それは戦前においては見出すことのできない日本語であった。しかしながら、戦前の段階においてもごく例外的に「重化学工業」という用語が一部で使われることのあったことを忘れずに指摘しておく必要があろう。とはいえ、それが示す意味内容は今日のものとまったく異なっていた。

たとえば、戦前の一九三〇年代中頃のある化学会社について述べた雑誌記事のなかに、つぎのような表現を見出すことができる。「当社は……重化学工業から精密化学へ転換せんとしてゐる」（『ダイヤモンド』一九三五年九月一一日、一〇四頁）。ここには「重化学工業」という用語が使われている。しかし、この場合の「重化学工業」という言葉遣いは、あくまでも化学工業のなかでの細分類を指すにすぎなかった。つまり、染料・医薬品・香料などの軽化学（精密化学）工業に対置して、大規模装置による量産型の化学工業（硫酸、ソーダなどの工業薬品、また化学肥料など）を「重化学工業」と呼んだのである。あるいは同様にして、「戦時化学工業改編の方向は、まづ何よりも重化学工業への精力的な重点移行に現はれてゐる」（森矗昶「戦時化学工業経営の方向」『科学主義工業』一九三九年九月号、一八頁）というような表現も、やはり他方の軽化学工業に対置された意味での「重化学工業」を指していた。

戦前、ある論者はつぎのように述べていた。「化学工業は重工業、軽工業の何れに属せしむるも不適当であるのみならず、化学工業のうちにも重化学工業（heavy chemical industry：硫酸、曹達灰等単位重量に比して廉価且つ嵩高なる商品を製造する工業）と軽化学工業（light chemical industry：染料、薬品工業等）の区別がある」、と（目崎憲司『工業経済』一〇頁）。実は、このような「重化学」「軽化学」という化学工業の内部における細分類の表出こそが、後述するように、日本の一九三〇年代における化学工業全体の飛躍的な成長発展を、あるいはその変貌を意味していたのである。

ちなみに、『日本国語大辞典』（小学館）は日本語の用法や淵源などについてのもっとも信頼すべき辞典であると評価されている。そこで、ためしに同辞典を開いて「重化学工業」の項目を繰ってみよう。すると、そこには、「鉄鋼・船舶・車両・動力機械などの重工業と、石油・ガラス・肥料などの化学工業の総称」と述べられている。つまり、同辞典も「重化学工業」については、通常一般の経済学辞典や国語辞典と同じように「重工業と化学工業とを合わせた呼称」（『広辞苑』）と述べる点ではまったく同じであった。しかしながら、さすがにこの『日本国語大辞典』はそうした説明だけにはとどまらなかった。注目すべきなのは、さらに続けて次のように述べているからである。「また、特に化学製品の原料になる化学製品を大量に製造する硫酸工業、ソーダ工業、石油化学工業などの化学工業をいうことがある」、と。

すなわち、ごく普通一般の「重化学工業」の意味を説明した後で、さらに付け加えるような形で、「軽化学工業」と対置した意味での「重化学工業」という語句についても丹念に採録していたのである。

6　W・G・ホフマンの「消費財産業」と「資本財産業」

ところで「重化学工業化」というのは、いうまでもなく一国経済の製造業の内部における構成変化を示している。この「工業の内部構造に焦点をあて、それが経済全体の成長過程でどのように変化するかという問題を最初に明確な形で取り上げたのは、ドイツの経済学者ホフマン（Hoffmann, W. G.）」であった（坂本和一『現代工業経済論』七八頁）。ここでは、本章のテーマとの関連においで、ごく簡単にW・ホフマンの主著『近代産業発展段階論』（長洲・富山訳）についてふれておこう。

かれは、同書において、「製造業諸部門の成長率が異なる結果、経済の工業部門の内部で生じ

る ある種の構造変化」について国際的な比較を行った。そして、「各国国民経済の成長過程にはきわだった類似性のあること」、あるいは「経済の製造業部門の構造は、つねに同一の型にしたがってきた」ことを示そうとしたのである。

「消費財産業」と「資本財産業」　たとえば、「食料品産業、繊維産業、皮革産業、家具産業（われわれはこれらを「消費財産業」と定義する）は、工業化の過程においてつねにまずはじめに発展する。だが、金属加工業、輸送用機械製造業、機械工業、化学工業（これらを「資本財産業」と定義する）がすぐこれにつづき、第一のグループである消費財産業よりも急速に発展する」、と。つまり、経済発展の初期段階においてはいずれの国でもまずは「消費財産業が圧倒的に重要で」ある。しかし、やがては「二つの産業グループの純生産額はほぼ等しくなり」、その後には「資本財産業の急激な成長によって、消費財産業ははるか後ろにとり残されてしまうことになる」、と。

このようにして、ホフマンは同書において、「消費財産業」と「資本財産業」の構成比率（いわゆる「ホフマン比率」）の変化によって経済発展を四段階に分け、その上で、各国の経済統計の数字を用いながら、「こうした経済の発展段階が、すべての自由主義経済について確認されることを示」そうとしたわけである（以上、訳本、一～三頁）。

しかしながら、後になって、かれのこうした二部門に分ける議論に対して批判が出された（塩野谷祐一「工業化の二部門パターン――ホフマン法則の批判――」）。とくに、批判の矛先は、かれが用いた「消費財産業」（consumer-goods industries）および「資本財産業」（capital-goods industries）という用語について向けられた。ホフマンはそれらを、それぞれ「ある製造業の部門の生産物のうち少なくとも七五％」が消費財であるならば「消費財産業」、また資本財であるならば「資本財産業」、と定義していた（訳本、六頁）。いわゆる「七五％テスト」である。

しかし、もとより「財の直接および間接の経済的用途に応じて産業を分類することは、投入産出表〔の利用〕なくしては不可能」なことであった。すなわち、もともと「ホフマンは……生産の迂回化という視点から消費財・投資財の二部門分割を意図していたのであって、けっして軽工業・重工業の関係に興味をもっていたのではな」かった。かれは、「理論的に厳密な意味での消費財・投資財部門の分類を意図し」ていたのである。ところが実際には、かれが展開した議論はその欠陥ゆえに単純化して受け取られた。「軽工業・重工業の分類と、消費財・投資財部門の分類とは、第一次接近としてもつねに相互に置換可能ではない」（以上、塩野谷祐一、三六～三八頁）、などという批判は、そのことを示していた。つまり、結果的には、ホフマンの分類は「一種の軽工業・重工業の分類にほかならない」ものとして世間に広まってしまったわけである。

投資財産業＝「重化学工業」？　詳細については割愛せざるをえないが、このようにして、もともと消費財・投資財の二部門分割を企図していたはずのホフマンの議論は、「〈消費財産業＝軽工業、投資財産業＝重化学工業〉と便宜的に置き換えられたことによって、当初の意図とは別に、軽工業・重化学工業部門という二部門分割視点からの工業の内部構造の変化傾向を明らかにすることになっ」てしまった。また、かれが示した「ホフマン比率」も、「実質的にはある種の〈重化学工業率〉としての意味を持」つように変じてしまったわけである。かれの議論は、かれの意図から離れて一人歩きしはじめた。今日では、「経済学者の間には〈消費財産業＝軽工業、投資財産業＝重化学工業〉という観念がかなり一般化している」。ホフマンが展開した議論は、皮肉にも「このような〈常識〉はなりたたないものであり、このような〈偏見〉は捨て去らなければならない」ことを示すための「反面教師」としての役割を担う結果となった、というわけである（以上、坂本和一、八〇～八六頁）。

以上のホフマン説について、別の論者は次のように指摘していた。たしかに、「かつては重化学工業の製品の需要先が、直接投資財や軍需財に限られている時代があった」。つまり、「こうした発展段階を背景とするかぎり、ホフマン流の同一視はある程度まで自然であり、また誤った認識を生ずる余地も少ないといえよう。しかし、その後、発展段階が進み、経済と技術が進歩するにつれて、重化学工業の製品が消費財に広範な用途を見出すような変化を現出させ」てきたことに注意しなければならない、と（宮澤健一『産業の経済学』第二版、七〇頁）。たとえば、今日、身の回りを見渡しても、私たちは「重化学工業」製品のなかにいわゆる「耐久消費財」と呼ばれる製品が数多く含まれていることを知っている。こうした現状からしても、その後の時代変化はすでに明瞭であるといわなければならないであろう。

7　新用語「重化学工業」の誕生

さて、そろそろ本題に戻らなければならない。すなわち、戦後の日本経済のなかで「重化学工業」という新用語は、一体いつごろに誕生したのであろうか。また、どのようにして定着してきたのであろうか。戦前の段階における「重工業及化学工業」や「重工業・化学工業」という表現から、途中に「重・化学工業」をはさんで、ついには「重化学工業」という一つの用語にまで合成されるようになったのは、戦後の一体いつごろのことなのか。

いうまでもなく、敗戦直後に経済が大混乱するなかでは「重化学工業」どころではなかった。むしろ、衣食住の基本を獲得するのに精一杯の状態が続いた。日本の製造業の全体は、たとえば「最近の我国鉱工業の生産活動は戦前の三割程度であり……」（『経済白書』昭和二二年、二二頁）、などのように「鉱工業」の一語でもって大ぐくりされるにとどまっていた。

しかし、その後しばらくすると、経済記事のなかに「重・化学工業」という表記が登場するようになる。たとえば一九四八年刊の経済雑誌を開いてみると、「〔かつて〕戦時経済に移行するにつれて……機械工業の比重は躍進し、化学工業もまた上昇して比重は重、化、工業へと移つて行つた」、あるいは、「〔敗戦後に〕軍需生産のストップによつて重・化学工業の生産は大打撃を受けた」（『東洋経済新報』一九四八年五月一五日、一六、一七頁）、などの表記が出はじめる。

その後、混乱期をくぐりぬけて経済復興が軌道に乗りはじめるなかで、やがてふたたび金属・機械・化学の三分野が並列される機会が増大するようになってきた。つまり、「重化学工業」という用語が誕生するための環境が整いはじめた。

「重化学工業」の誕生　表2は工業生産について、一九三二～三六年平均を一〇〇としてみた場合の指数の推移を示している。同表にみるように、工業生産の全体が戦前水準にまでほぼ回復したのは一九五〇年前後のことであった。また、繊維や食料品などの緩慢な回復ぶりに較べて、金属・機械・化学の三分野が急ピッチでの回復を示していたことがわかる。

それにつれて、一九四九年にもなると、ついに「重化学工業」という合成された形での表記が発見できるようになる。たとえば、「戦後労働経済の分

表2　工業生産指数の推移

（1932～36年平均＝100）

	工業全体	金属	機械	化学	繊維	食料品
1930	75.2	65.2	65.2	57.6	83.5	101.3
35	111.3	118.8	120.6	110.9	105.9	103.3
1940	166.5	186.9	280.8	180.3	86.3	96.7
45	88.8	58.5	283.7	29.2	6.6	39.3
46	30.6	16.1	60.8	27.0	10.2	44.0
47	36.4	26.5	64.8	34.5	15.5	40.6
48	54.5	48.7	98.2	56.0	18.1	52.5
49	74.2	87.8	114.5	80.6	23.4	74.1
1950	95.9	130.8	122.1	124.2	39.0	73.4
51	137.6	175.4	209.3	163.4	53.2	81.9

出所：大蔵省財政史室編『昭和財政史』第19巻（統計）、88頁、から作成。

析」を行った昭和二四年版『労働白書』をみると、「終戦後に最も早く労働生産性を回復したものは食料品工業、製材木製品工業、紡織工業の軽工業部門であったが、その後、機械器具工業、化学工業等の重化学工業部門の回復がいちじるしく、二三〔一九四八〕年にはついにこれらの部門が首位を占めるに至った」。あるいは、「かかる傾向は戦後の生産が終戦直後の消費材中心から、漸次重化学工業へ重心を移行して行ったことに照応する」（一九二頁）、などと出てくるようになる。

「繊維か重化学工業か」　この一九四九年というのは朝鮮戦争が勃発した年である。「朝鮮動乱に伴う生産の増加が、繊維・化学・機械・金属・製材等、輸出と特需につながる業種においてまず現れたことはいうまでもない」（昭和二六年度版『経済白書』九頁）。また、この一九四九年とは、戦後日本の産業の進路が軽工業か重化学工業かの「分岐点」とされた年でもあった。つまり、「単に繊維工業ばかりでなく重工業（殊に造船、車輌、織機等）や化学工業にも大いに注目しなければならない」として、「繊維か重化学工業か」という表題などで論じられはじめていた（『東洋経済新報』一九四九年新年特別号、五〇頁）。

その当時の『経済白書』などを開いてみても同様なことがわかる。たとえば、「かくして二五〔一九五〇〕年度における製造工業の生産動向を通観すれば……機械・化学・金属等の重化学工業の生産がすでにかなり高い水準に達し」た。あるいは、「産業構造が電力消費の多い重化学工業により大きく傾いている」（『経済白書』昭和二六年度版、一六頁、七六頁）、などの表現を見出すことができる。

以上のように、しだいに「重化学工業」という新語が見えはじめた。とはいえ、これらの表記はまだ散発的に現れたものにすぎなかった。ところが、昭和二七年度『経済白書』にもなると、「重化学工業」の語は急に目立ちはじめる。それは、あたかも当たり前の日常用語のごとくに頻出するようになる。

たとえば、「戦後の生産が輸入依存度の相対的に低い重化学工業部門において著しく伸びたこと、しかも工業製品は……特に重化学工業製品に対する旺盛な復興需要によって吸収された」。あるいは、「わが国の産業構成が、戦時から戦後にかけて重化学工業化してきたことは疑いのないところである。……重化学工業の規模は確かに拡大してきた。しかし、もともと欧米諸国におくれて発達したわが国の重化学工業は、戦前から軍事的需要に結びついて国家の保護の下に育成されてきたので、国際競争に堪えうる産業にまで発展していない。そのことは、わが国の重化学工業品の価格が対外的に割高な点からも明らかで……」（『経済白書』昭和二七年度、一五、三九〜四〇頁）、などなど。

以上に見てきたように、「重化学工業」という合成語はほぼ一九四九、五〇年ごろに登場しはじめ、それ以降にしだいに定着するようになってきた、といってもよいように思われる。「重化学工業」という用語が、雑誌記事や官庁出版物などで普通一般の用語として使われ出したのである。

国会議事録を検索してみると、「重化学工業」の表記が初めて出てくるのは一九四八年一一月三〇日、参議院大蔵委員会における木村禧八郎（社会党）の発言中である。「最近の貿易は殊に軽工業品ではなか〳〵引合わない。重化学工業品なら例えば薄鉄板だとか、造船だとか、紡績の錘だとか、そういう重化学工業品に注文が多く、軽工業品はもう行詰りの状態にある……」。ただし、これは速記録上での表記である。実際の発言が「重化学工業」であったのか「重・化学工業」であったのか、まではわからない。

同様にして、少しばかり注意が必要なのは、この頃を境にしてすべてが「重化学工業」の表記に統一されたわけではなかった、ということである。一例として、一九五九年刊行の有澤廣巳編『現代日本産業講座Ⅰ』などにも見出せるように、「重・化学工業」という表現もまた根強く生き続けていたからである。たとえば、「二〇世紀に入って近代的化学工業が勃興してきたとき、重工業と一括されて重・化学工業といわれるようになった……産業の発展として重・化学工業が産業構造の高度化を意味することに何の疑問もない」（同、二一頁）、などの表現である。同書においては、所収の論文タイトル「重・化学工業化の進展」（今井則義執筆）をはじめとして、本文における叙述でもすべてが「重・化学工業」の表記で統一されていた。

あるいは、一九六三年に刊行された大内力『日本経済論』においても同様であって、たとえば、

「巨大な固定資本を必要とするような重・化学工業」（三五頁）、「重・化学工業の増大……はいずれも独占資本の成立の前提条件となる」（一七七頁）、あるいは、「財閥はこの時期に徐々に重・化学工業に進出しつつあった」（一九六頁）、などなど。このように、同書ではもっぱら「重・化学工業」という表現が用いられていた。研究者のなかには、一九六〇年代に入ってもまだ、重工業と化学工業の双方を一つの語の中に完全に合成してしまうことに違和感のあったことが窺われる。

8　「重化学工業」誕生の時代背景

最後に、戦後の日本経済のなかで「重化学工業」という合成語が誕生することとなった時代背景について考えてみよう。つまり、「化学工業が重工業と一括され、軽工業と対比される基準は何に求められるだろうか」（木村敏男『日本産業論』五四頁）、という問題である。このことは、一つの用語の内に合成されるのに必要となる両者の新たな「類似性」とはいったい何だったのか、とも言い換えられよう。

概していうならば、今日の段階においては、重工業と化学工業はともに一国経済における産業構造高度化の役割を担う産業であるとされる。すなわち、両者は共通して資本集約的な産業である。しかも、科学技術の進歩の成果を積極的に取り込むことによって技術・知識集約的な性格を備えている。さらには、さきにもふれたように、他方の軽工業が消費財生産部門とされるのに対して、これら両者をともに資本財生産部門と位置づけるような「常識」も根強く残っている。

今日の段階では、重工業と化学工業に共通する「類似性」を以上のように挙げるのはむしろ容易なことであろう。しかし、前にも述べたように、化学工業についてはは必ずしもそのすべてが資本集約的・技術集約的であるとはいえなかった。化学工業には、そうでない伝統的かつ雑多な製品分野も数多く含まれており、それらはむしろ労働集約的な軽工業製品（消費財）でもあった。したがって、上に述べたように化学工業が重工業と同列視されるようになったのには、化学工業の側における変化が重要であった。その変化とは何だったのか。

化学工業の「重工業化」 まず、一九三〇年代における化学工業製品に対する需要増にともなって、化学工業の中軸部分が大規模な「装置産業」へと変化しはじめた。その生産設備（労働手段）が、かつての熟練・経験・勘などに依存する「容器」の段階から「装置」の段階へと変化しはじめたのである。たとえば、当時のアンモニア合成技術がその典型であったように、「高温・高圧・触媒」を常用する「近代的化学工業」が主力を占めるように変化したことが重要であった。やや踏み込んでいうならば、装置とは容器と異なって単純なる「脈管系統」ではありえない。装置とは化学変化を人為的に促進・制御するために、いわゆる「筋骨系統」をも同時に含みこんだ労働手段のことなのである（下谷政弘「装置論争における二つの系譜」）。

いずれにもせよ、こうした容器から「装置」段階への移行にともなって、化学工業の中軸部分がしだいに資本集約的なものへと性格を変化させはじめた。あるいは、たんに資本集約的な大規模化だけにとどまることなく、同時に中間品をめぐる科学技術の進歩や、また今日にいうfine-chemical（精密化学）製品の重要性が増大するなど、ますます技術・知識集約的なものへと発展しはじめたのである。つまり、全体として「化学工業の重工業化」が進んだことによって、両者の類似性が高まった。

ちなみに、第二次大戦後の化学工業の内部変化に決定的な影響を与えたのは、一九五〇年代から新たにスタートした石油化学工業であったろう。それまでの電気化学や石炭化学を中心とした日本の化学工業は、一九五〇年代以降には急速に石油化学へと原料転換（技術転換）されていった。しかも、それは「コンビナート」という新用語をともなって開始されたのである。本書第1章でもみたように、この石油化学コンビナートの出現は、それまでに中心を占めてきた戦前型の化学工業（化学工場）そのもののイメージを一挙に変えてしまった。つまり、伝統的な化学工場の外観から建屋や屋根を取り払ってしまい、それに代わって、銀白色に輝く裸の反応塔や合成塔、タンク、パイプラインなどから成る新たなプラント群へとイメージを一変させたのである。

以上はともかくも、このようにして、とくに一九三〇年代以降に「化学工業の重工業化」が進んだことが両者の類似性を高める作用をもたらしたのである。両者を一括する「重化学工業」という用語誕生への前触れであった。

あるいは、両者の類似性の高まりについては、戦前の一九三〇年代に重工業と化学工業がともに「時局産業」として位置づけられたこととも無関係ではなかったであろう。よく知られているように、明治維新以来、日本では重工業と化学工業の重要部門はまずは官営工業の形でスタートした。両者は官営工業として、近代国家の基本を築く基礎産業や兵器産業としても育成されてきたのである。しかし、その後、この「官営工業中心主義」という方針は、「総力戦としての第一次大戦の経験を通して、裾野の広い潜在的軍需生産能力の育成、つまり、民間重化学工業の育成の必要性が認識されたことによって、軌道修正されるにいたった」(三和良一「重化学工業化と経済政策」五二頁)。

さきにも述べたように、とくに一九三〇年代を迎えて、重工業と化学工業は民間企業による「内部循環的生産拡大」の動きのなかで急速にそのプレゼンスを高めはじめたのである。その際、両者はともに一国経済に必要な基礎的資材の自給自足を目指す産業であり、また国産化による輸入防遏が緊要とされた産業であった。もしくは一朝事あれば軍事転換しうるという意味において も「時局産業」として位置づけられたのである。その意味において、いわゆる「時局産業」のすべてが軍需産業と必ずしもイコールなわけではない。このことに注意する必要があるものの、やがては戦時経済に移行するや、すべての時局産業が一挙に軍需産業一色に塗りつぶされてしまう結果となったのである（下谷政弘「一九三〇年代の軍需と重化学工業」、また同『新興コンツェルンと財閥』一〇四頁）。

「新たな時局産業」　以上のようにして、戦前においては重工業と化学工業はともに「時局産業」という類似性をもっていた。また、それらはとくに戦時中にはますます並列して論じられる機会を増大させていた。そして、戦後段階になるや、今度はその主要な目的を変えて、これら両者は経済成長や産業構造高度化をスローガンとする「新たな時局産業」として認識されはじめたのである。

たとえば、「産業構造の高度化とは、経済的に最も望ましい産業構造への接近である……産業構造高度化の最も大きな課題は重化学工業化であるといっても過言ではない」（『通商白書』昭和三九年度、二三八〜四〇頁）、などと声高に強調されはじめた。あるいは、「高度成長期の構造変動は〈重化学工業化〉〈高度化〉が変化の方向を示す鍵コンセプト……。産業構造の〈重化学工業化〉〈高度化〉を達成することが、主要産業の比較優位を確立するために、また当時の日本で弱点とされた〈二重構造〉を克服する上でも必要」、などと唱えられたのである。とりわけ、「産業構造の〈重化学工業化〉〈高度化〉は政府の政策目標としても掲げられ」たという事実に注目すべきであろう（鶴田俊正・伊藤元重『日本産業構造論』二七頁）。敗戦後の日本では、両者はともに「新たな時局産業」として位置づけられたのであり、「重化学工業」という一つの言葉のなかに合成されて一括して追求されることとなったわけである。

もとより重工業と化学工業の両者は内容も性格もまったく異なる別個の産業であった。それらは、それぞれ別のジャンルに属する産業であった。いったい全体、なぜ両者は戦後の日本経済のなかで「重化学工業」という一つの用語のなかに合成されることとなったのだろうか。以上縷々述べてきたように、一九三〇年代以降の時代変化をその背景として、いくつかの要因が絡まり合いながら「重化学工業」という合成語が戦後経済のなかに誕生することとなったのである。

そして、この「重化学工業」という新用語は、今日では中国や韓国などの漢字圏の諸国へも輸出され、普通一般に用いられるようになっている。中国ではそれは「重化工業」とも表記されている。また、韓国では「京郷新聞」一九五二年一月一〇日のコラムに「基幹産業の重化学工業の建設なしに下部産業の育成発展を期することはできない」、などの記事が見出される。しかし、「東亜日報」などの各紙上においてそれが数多く見出されるようになるのは一九七二年一月以降のことであった。それは、韓国における重化学工業化政策のスタート時期とも一致する。

【参考文献】

有澤廣巳「産業論のはじめに」有沢編『現代日本産業講座I』岩波書店、一九五九年

伊藤正直「資本蓄積⑴　重化学工業」大石嘉一郎編『日本帝国主義史⑵』東京大学出版会、一九八七年

大内力『日本経済論』上・下、東京大学出版会、一九六三年
大蔵省財政史室編『昭和財政史——終戦から講和まで——』第19巻（統計）、東洋経済新報社、一九七八年
亀山直人『化学工業総論』共立出版、一九四七年
木村敏男『日本産業論』法律文化社、一九八四年
経済安定本部『経済白書』（経済実相報告書、昭和二二年）、時事通信社、一九四七年
経済安定本部『経済白書』（昭和二六年度年次経済報告）、東洋書館、一九五一年
経済安定本部『経済白書』（昭和二七年度年次経済報告）、東洋書館、一九五二年
小島精一『日本重工業読本』千倉書房、一九三七年
坂本和一『現代工業経済論』有斐閣、一九八八年
塩野谷祐一「工業化の二部門パターン——ホフマン法則の批判——」山田雄三他編『経済成長と産業構造』春秋社、一九六五年
静田均『工業経済』朝日新聞社、一九五九年
下谷政弘「装置論争における二つの系譜——特に「第二労働手段」説批判——」『大阪経大論集』第111号、一九七六年
下谷政弘『日本化学工業史論』御茶の水書房、一九八二年
下谷政弘「一九三〇年代の軍需と重化学工業」同編『戦時経済と日本企業』昭和堂、一九九〇年
下谷政弘『新興コンツェルンと財閥』日本経済評論社、二〇〇八年
鈴木治雄『化学産業論』東洋経済新報社、一九六八年
高橋亀吉「統制の重点は生産力の急増」『東洋経済新報』一九三六年六月六日

高橋哲雄『産業論序説』実教出版、一九七八年
田杉競「日本の工業化と新興コンツェルン」『科学主義工業』一九三八年六月
鶴田俊正・伊藤元重『日本産業構造論』NTT出版、二〇〇一年
東洋経済新報社編『日本経済年報』第二一輯、一九三五年
「工業統計より見たる我国工業の基礎構成」『東洋経済新報』一九三六年六月六日
「工業統計速報に現はれた我国工業の新方向」『東洋経済新報』一九三七年四月一〇日
日本統計研究所編『日本経済統計集』日本評論新社、一九五八年
橋本寿朗『大恐慌期の日本資本主義』東京大学出版会、一九八四年
橋本寿朗「重化学工業化論」日本歴史学会編『日本史研究の新視点』吉川弘文館、一九八六年
馬場敬治『化学工業経済論』共立出版、一九三八年
原朗編『復興期の日本経済』東京大学出版会、二〇〇二年
ホフマン著、長洲一二・富山和夫訳『近代産業発展段階論』日本評論社、一九六七年
前田梅松「軽工業と重工業」『科学主義工業』一九三八年五月
宮川隆泰『岩崎小彌太』中央公論社、一九九六年
宮澤健一『産業の経済学』第二版、東洋経済新報社、一九八七年
三和良一「重化学工業化と経済政策」『社会経済史学』第四一巻六号、一九七六年
目崎憲司『工業経済』有斐閣、一九四一年
渡辺徳二『石油化学工業』岩波書店、一九六六年
渡辺徳二『化学工業――その産業論的研究――』日本評論社、一九七二年

Hoffmann, W. G., *The Growth of Industrial Economies*, Manchester University Press, 1958（原書は *Stadien und Typen der Industrialisierung*, 1931）.

第5章　「コンツェルン」をめぐる誤謬

——決まり文句「カルテル・トラスト・コンツェルン」の不思議——

1　「カルテル・トラスト・コンツェルン」?!

私たちは、かつて高校時代に社会科の教科書のなかで「カルテル・トラスト・コンツェルン」という言い回しを学んだ覚えがある。つまり、企業というのは市場において競争に明け暮れる。そして、市場競争を行うそれらの企業は、やがては競争のなかで独占的な企業結合を形成することになる。あるいは独占的な企業体を構築するようになるという。いわゆる「カルテル・トラスト・コンツェルン」という古くからの言い回しは、一般的に、その独占的な企業結合における段階的な態様を示していると教えられてきた。

たとえば、今日の高校教科書の一つ、『新政治・経済』（清水書院）を開いてみよう。そこには次のように記されている。「巨大な資本を必要とする重化学工業の発達とともに、カルテルやトラスト・コンツェルンなどの独占体が結成され、自由競争が阻害されるようになった」、と。さらに、これらの「独占体」についてそれぞれ次のような説明が続いている。すなわち、「カルテル（企業連合）とは、同業種内の企業が競争を制限する目的で形成するもの。トラスト（企業合同）は、同一業種の大企業が合併して巨大企業を組織すること。コンツェルン（企業結合）は、持株会社による株式支配により異種産業部門の企業を統合する方式」（八一頁）、などと説明されている。

別の教科書を開いてみても、ほぼ同じような内容が述べられる。たとえば、「主要ないくつかの企業が、公然とあるいは暗黙のうちに結託して価格の引き上げをはかるというカルテル（企業連合）行為がしばしば見られる。カルテルは、あくまで法的に独立した企業の〈連合〉であるが、市場支配のため企業が〈合同〉するとトラスト（企業合同）となる。さらに、多くの業種にまたがって支配的な位置にある企業ないし企業グループがある。これをコンツェルン（企業連携）という」（『政治・経済』三省堂、七三頁）。

あるいは、別の教科書もいう。「株式会社制度の発達によって、社会の隅々から資本を調達することが可能になった。反面、資本の集中・集積も進み、カルテル（企業連合）、トラスト（企業合同）、コンツェルン（企業連携）といった独占企業体が出現した」（『政治・経済』東京書籍、九五頁）、などなど。

私たちはこれまで、「カルテル・トラスト・コンツェルン」の言い回しをあたかもお経の文句のように唱えて、以上のような教科書の説明をそのままに信じ込んできたのである。はたして、これは正しい説明なのであろうか。

2　ドイツにおける'Konzern'

この「カルテル・トラスト・コンツェルン」という順序で並べる言い方は、日本では一つの常識のように受け入れられてきた。たとえば、ある論者はいっている。これまで「一般に、カルテル→トラスト→コンツェルンというふうに企業の集中形態あるいは企業の独占組織が発展的に指摘されている。それは、いうまでもなく、コンツェルンが最高度の企業の集中形態あるいは企業の独占組織であることを意味する」（岡村正人「株式会社とコンツェルン」四七九頁）、と。

しかし、そう言い切るためには検討しなければならないいくつかの問題点がある。本章では、「カルテル・トラスト・コンツェルン」の内でも、とくに「最高の独占組織」と呼ばれてきた「コンツェルン」に関する問題について取り上げてみよう。つまり、日本での「コンツェルン」の理解はきわめて特殊なものであって、それは日本経済に特有の歴史事情が色濃く反映された理解であったということなのである。

カタカナ用語の「コンツェルン」「コンツェルン」というカタカナ用語は、いうまでもなくドイツ語の'Konzern'(英語ではconcern)からきている。かつては「コンチェルン」のように表記される場合もあった。「近代史を通覧すると、何としてもかたかな語系の進出ぶりは大正期である感をふかくする」(杉本つとむ『近代日本語』二三二頁)という指摘がある。この「コンツェルン」という経済用語もまた、「ブルジョア」「プロレタリア」「デモクラシー」「サボタージュ」、などなど、と並んで、大正時代になって新たに登場したカタカナ用語の一つであった。前にも見たように、西欧から入った外来語については、明治期にはひとまず漢字語へと翻訳(鋳造)するのが主流であった。しかし、大正期に入るとそのままに表音カナで表記することがふえてきた。その場合、受け入れ側の特殊な歴史事情によってもとの意味との微妙なズレが生じ、そのズレがしだいに増幅されたものもいくつかあったのである。

それはともかく、では、本国ドイツでは'Konzern'という用語の意味内容とは一体どのようなものであったのか。あるいは、それは、以上に見てきた日本の高校教科書にあるような通説的な理解とはどのように異なるものであったのか。

そもそも、「コンツェルンがドイツで最初に形成されたのは一八八六年である」という。しかし、その形成がにわかに活発となり、一つの学術的な用語として'Konzern'の語が新たな「企業の結合体」を意味するものとして広まりはじめたのは、ほぼ一九一〇年代、すなわち第一次大戦の前後のことであった。まさしく、「第一次世界大戦は、カルテルの形成を助長したように、コンツェルンにとっても重要な意味をもった」(高橋岩和『ドイツ競争制限禁止法の成立と構造』一六頁)のである。

さらには、その後においても、「欧州大戦後に於ける企業協合運動に付き、最も重要なる役割を演じたる形態はコンツェルンであ」って、「コンツェルンの発展が最も顕著となりたるは欧州大戦後の独乙に於てゞあ」った(目崎憲司「コンツェルンに関する若干の考察」二、七頁)。あるいは、第一次大戦後のドイツにおける「インフレ期の独占形成の特徴は、カルテルの衰退とコンツェルンの台頭という対蹠的展開のうちに見出すことができる」という指摘もある(加藤栄一『ワイマル体制の経済構造』二七三頁)。

このようにして、一九一〇年代後半のドイツ経済において「企業の結合体」という新たな形態の企業組織が広がりはじめたのである。それらは、広く「コンツェルン」という用語で呼ばれ出した。

したがって、以降、とくに一九二〇年代のドイツを中心に「コンツェルン」に関してその概念を明確に規定しようとする研究が続出しはじめたのは当然の成り行きであった。新たな言葉遣いには新たな定義が必要となる。以下では、まず簡単に当時の「コンツェルン」に関するドイツの代表的な見解について一瞥しておくことにしよう（下谷政弘『新興コンツェルンと財閥』）。

ドイツの「コンツェルン」　たとえば、かのR・リーフマンは「コンツェルン」の語について、それを「法律上独立を維持する諸企業の生産技術・経営技術・商業上および殊に金融上に関する統一体」（Zusammenfassung zu einer Einheit）であると定義していた。また、R・パッソウによれば、「コンツェルン」というのは「民法上独立している諸企業から成る一つの集団（Gruppe）であり、ある程度の経済的統一体（eine wirtschaftliche Einheit）を形成し一個の統一的指揮に服するもの」であると述べていた。あるいは、H・ベッケラートは「コンツェルン」を、「生産、販売および資本関係の主要なる点において統一的に経営され、その構成員は法律上の独立を保持する企業団体の各種の形態」と定義した。かれは、それを多くの「部分企業」から成る「全体企業」である、とも説明していたのである。また、W・ゾンバルトは、「独立企業群の経営について何等かの統一あるとき、すなわち、統一的な企業者意思と統一的な計画とが存在する場合、これをコンツェルンと言うべきである」、などと述べていた。

以上のように、論者によってそれぞれに表現の仕方や力点の置き所が異なっていたことがわかる。しかし、「コンツェルン」の新たな定義をめぐってそこに共通していたのは、「法律上独立の諸企業」が構成する生産・販売・資本関係における「経済的な統一体」（Einheit）ということであった。あるいは、それは「生産技術・経営技術・商業上および金融上」の点で相互に関連し合うという意味で、一つの産業体系の基盤の上に形成された企業の「集団」（Gruppe）ということであった。また、こうした生産・販売・経営などの「経済的統一性」を保持するためには、当然のことながら、諸企業の上に立つ「統一的な企業者意思」や「一個の統一的指揮」（親会社、または持株会社）の存在が求められたのである。なお、ここに断るまでもないが、以上の論者たちのいう「法律上は独立の企業による統一体」という表現は、もちろん、それを裏返していうならば「経済的には非独立の企業の統一体」という含意でもあった。

「コンツェルン」は企業グループ　以上が当時におけるドイツでの「コンツェルン」の定義であった。要するに、ドイツでの「コンツェルン」というのは、まず第一に、あくまでそうした経済的統一性を保持しようとする一つの産業基盤の上に形成された「企業の集合体」ということであった。これを別の表現で言い換えるならば、本来のドイツ語でいう「コンツェルン」というのは、今日の日本経済においても一般的に見られるような「企業グループ」のことであった。それは、たとえば「ソニー・グループ」や「トヨタ・グループ」などのような「親子型の企業グループ」を指し示す用語であったということなのである。

周知のように、今日では、子会社をもたないような大企業はない。すべての大企業は親会社となって、傘下の子会社とともに一個の「企業グループ」を形成している。あるいは、親会社の「本業」を中心とする企業の集合体を形成している。「コンツェルン」とは、もともとは、私たちの身近でもよく見聞きするような「親子型の企業グループ」のことだったのである。

ところで、近年の日本においては「コンツェルン」の語はほとんど死語に近くなってしまった。日本では企業の集合体は「企業グループ」と呼びかえられるのが普通である。しかしながら、ドイツ本国では、その用語は今もなお現役である。つまり、今日においても「ドイツの大企業は圧倒的多数がコンツェルンである」。今もなお圧倒的多数のドイツ企業は、日本の「企業グループ」がそうであるように、「統一的指揮によってあたかも一つの企業のごとく、総合力を戦略的に駆使して競争力を確保している」（高橋宏幸『戦略的持株会社の経営』二一五頁）。

つまり、ドイツでの「コンツェルン」というのは、今日でも多数の大企業が採用しているような、ごく一般的な形での「親子型の企業グループ」のことにほかならなかった。それは、親会社と子会社から成っている。あるいは、数多くの「部分企業」から構成される有機的な「全体企業」なのである。

さきに見たドイツの論者たちが述べていたのもそのことであった。もちろん、そこには、たとえばそれら構成企業の間での「密接なる関係」（経済的統一性）の内容理解など、いくつかの点での意見対立もあった。また、同じ論者でも、時期によって定義内容に若干の変遷も見られた（目崎、前掲論文、あるいは静田均「コンツェルンに関する覚書」、など）。

内部支配の組織　しかし、そうした小異よりもさらに重要だと思われる問題点をここで指摘しておく必要があろう。それは、かれら論者たちにとって「コンツェルン」とは、本来、「カルテルと異り、此〈密接なる関係〉は外的関係の規律ではなくて、寧ろ主として〈内部経済的であり企業の内的構造に関する〉ものであ」った（小島精一『企業集中論』一三八頁）、という点なのである。言い換えれば、もともと「コンツェルンとは外部的支配即ち市場支配を目的とするものではな」かった（大隅健一郎「コンツェルンの法律的組織概観(1)」三八頁）。別の論者もつぎのようにいう。「元来、独逸に於て最も発達したる企業結合形態はカルテルであつた。カルテルの目的は主として市場を直接支配するにある……然るに、他方に於て其後関係企業の活動に今少し立入つた支配力を及ぼさんとする企業結合体が生れた。之れ即ちコンツェルンである」（西野嘉一郎『近代株式会社論』二四四頁。また、鞠子公男『持株会社』一二九頁）。

このようにして、「コンツェルン」とは、もともと市場支配（市場独占）や経済力集中を直接の目的とするような企業組織ではなかった。それは、あくまでも企業内部において経営の合理化や効率化を目指して形成される有機的な「親子型の企業グループ」にほかならなかったのである。

たとえば、かつて大隅健一郎は「凡そ企業の集中には二つの方向がある」、として次のように述べていた。すなわち、「一は内部的に企業の経営過程を技術的及び商人的方面において能ふ限り合理化することにより生産費の低減を計る方向であり、他は外部的に企業間の競争を排除し商品市場に働きかけて以て市場価格の釣上を計るものである」。そして、「コンツェルンはこの中、所謂内部的支配（Innenherrschaft）を目的とする」ものであって、この「点にコンツェルンをカルテルより区別すべき決定的な標識が存する」（大隅健一郎『企業合同法の研究』一三六～一三七頁）、としていた。

新たな企業形態の出現　したがって、第二に、「コンツェルン」の用語は、カルテルあるいはトラストのように市場独占や経済力集中などと直接的に関わる言葉ではなかった。それは、本来的に「独占」などとは無縁のものであった。言い換えれば、「コンツェルン」という企業組織は、カルテルやトラストなどと同列に並べられるような概念ではなかった。それは、新たに出現した企業組織の形態の問題として扱われたという点こそが重要なのである。つまり、「コンツェルン」は新たな「親子型の企業グループ」という企業形態の出現を意味する用語として広まったのであり、それが「新たな企業形態の出現」であったからこそ「株式会社法上に無数の疑問と問題とを巻き起こ」す原因にもなったわけである（大隅、前掲論文、三四頁）。

以上要するに、一九一〇年代のドイツにおけるコンツェルン形成運動とは、あくまでも企業内部の経営合理化を目的に進展しはじめたことが重要であった。当時のドイツにおいて、「コンツェルン」とは新たな「親子型の企業グループ」の登場を意味する用語にすぎなかったのであって、ドイツ企業による「コンツェルン形成の動機は、原料確保、生産技術上の要請、金融上の必要、カルテルに代わる市場規制、インフレ利得などさまざまであ」（加藤、前掲書、二七五頁）った、という。

しかし、のちに一九二四年のインフレ終熄以降になると、「コンツェルンの発展は市場独占的に転回した」（目崎、前掲論文、八頁）、という指摘もある。当然のことながら、「親子型の企業グループ」のなかには、小さなものもあれば、大きく成長するものもある。実際、往々にして巨大な規模を誇る「コンツェルン」もいくつか立ち現れた。すなわち、巨大な「親子型の企業グループ」の出現ということが、時には、市場独占の問題につながるような現象を生み出す側面があったことも指摘されていたのである。

しかしながら、それはむしろ結果的な現象であったことに注意すべきであろう。カルテルやトラストの場合、まさしく、その目的は最初から一産業における企業間競争の排除、すなわち独占的な市場支配にあった。しかし、コンツェルンでは必ずしもそうではなかった。もし巨大なコンツェルンが「市場独占的」な様相を示したとすれば、それはコンツェルンだったからではなく、むしろそれを構成する企業のカルテル行為によるものであった。「コンツェルンは如何に仕組る、か……カルテル（またトラスト）とは異つて、コンツェルンは直接対市場関係に倚存しない、そして財貨の生産乃至流通過程内部の統整を中心とする諸企業の結合体である」（磯部喜一「コンツェルンに就いて」一〇三頁）。

すなわち、大規模な企業体の出現が、そのままで直截に「独占体」の形成とイコールにつながるわけではない。いうまでもなく、独占の問題というのは、あくまでも企業間の競争プロセスを通じての「市場支配」の問題だからである。巨大な「企業グループ」の出現と「市場独占」の問題とは、もとより論理的には別次元で考えられるべき課題なのである。

3 日本特殊的な「コンツェルン」理解

さて、以上がドイツにおいて誕生した本来的な'Konzern'の内容であった。それでは、日本（の学界）では「コンツェルン」は一体どのように理解されてきたのであろうか、見ていくことにしよう。

日本で「コンツェルン」に関する研究論文が出はじめたのは、一九二〇年代末から三〇年代にかけてのことであった。それは、ドイツでの議論を受ける形で展開された。

当時の日本経済の状況を少しだけ振り返ってみると、一方では、三井・三菱・住友などのいわゆる「財閥」（家族同族所有の多角的事業体）が巨大な資本体としての存在感を高めていた。巨大な財閥は世間から「財閥コンツェルン」とも呼ばれはじめ、それらがその巨大さゆえに世間からの指弾を浴びて、いわゆる「財閥転向」を迫られたのは一九三〇年代前半のことであった。

あるいは、他方では、後にもくわしく述べるように、一九三〇年代の日本には新たな動きが生じていた。個々の大企業が傘下にそれぞれ子会社をもちはじめるという新たな動きが目立ってきたのである。すなわち、それこそ「親子型の企業グループ」の誕生であって、日本でもドイツと同じように、一周遅れで本来の「コンツェルン」なるものが新たな経済主体として誕生しはじめたのである。

『日本コンツェルン全書』の刊行　したがって、当時の日本においては、これらの国内状況を反映するような形で新たな研究対象として「コンツェルン」への関心が高まりはじめた。当時、春秋社から『日本コンツェルン全書』と銘打ったシリーズ（全一九巻）が出はじめたのは象徴的な出来事であり、それは一九三〇年代後半のことであった。同『全書』のシリーズには、同じ「コンツェルン」として巨大な財閥も「親子型の企業グループ」も一緒に取り上げられていた。まさしく、「今日の企業界を展望すると、各個企業は法律的形式的に各々独立ではあるけれども、極めて小規模小資本の企業は除くとして、事実はverticalに参差相重畳し、トラスト若くはコンツェルンと千姿万態の上下支配の関係に立たざるはない。宛然たる産業の封建社会である」（竹井廉「会社の親子関係」二四六頁）。

さて、ここで検討しなければならないのは、日本ではこれら一九二〇、三〇年代当時の国内状況を反映しながら、特殊な「コンツェルン」理解が生まれてきたことである。そしてまた、それが、今日にいたるまでそのまま通説的な理解として受けつがれてきたことなのである。

いったい全体、日本特殊的な「コンツェルン」理解とはどのようなものなのか。それは、ドイツ本国における‘Konzern’と較べてどのように異なるものなのか。日本での「コンツェルン」理解には、次のような大きな二つの特色を見出すことができる。

日本的理解の特色　その一つは、日本においては「コンツェルン」はもっぱら経済力集中（あるいは資本集中）という側面からその意義内容が強調されてきたということである。端的にいえば、さきにもふれたように、その用語はつねに「独占形成」と強く結び付けられてきた。そして、もう一つの特色というのは、日本では「コンツェルン」はさまざまな産業部門に広くまたがって支配するピラミッド型の「産業横断的な組織」と理解されてきたことなのである。

しかしながら、ドイツ本国では必ずしもそうではなかった。ここでは、以上二点のうち、まず後者の「産業横断的な組織」という日本的理解について少しふれておこう。この点で、ドイツの「コンツェルン」とはどう異なるのか。

たとえば、ドイツでは、「基幹産業のもろもろの巨大コンツェルン」は「石炭＝鉄鋼業のクルップや合同製鉄、化学工業のイー・ゲー・ファルベンや合同人絹、電機工業のジーメンスやアー・エー・ゲー」（大野英二『ドイツ資本主義論』一九九頁）などのように、基本的には、それぞれが各個別々の産業基盤の上に存在していた。あるいは、「独逸産業界に於いて重大なる意義を有しつゝ、あるコンツェルンは、種々の産業部門に於いて構成せられてゐる。そのうち有力なるコンツェルンの構成されてゐる産業部門を挙ぐるならば、鉱山業、機械工業、化学工業、及び織物工業等である」（磯部、前掲論文、九五頁）、ともいわれてきたのである。

一例として、「ＡＥＧとともにドイツの二大電気コンツェルンをなした」ジーメンス・コンツェルンの内容については、春見濤子の論文「第一次世界大戦後におけるジーメンス・コンツェルンの編成上の特質」などにくわしい。同コンツェルンは電気・電機産業を主たる基盤に成立したコンツェルンであった。あるいは、別の具体例として「ドイツの兵器廠」とも呼ばれたクルップ・コンツェルンのケースを見るならば、一九一二年の当時、同コンツェルンは「エッセンの鋳鋼工場のほかに三つの試射場、三つの炭鉱、多数の鉄鉱山……、中部ラインの三つの製鉄所、さらに鉱石運搬船をもったロッテルダムの海運部門が属していた」（諸田實『クルップ』二七四頁）、という。同コンツェルンには、これらのほかにも傘下企業として造船所などが含まれていた。しかし、以上に見るように、このクルップ・コンツェルンも、いくつか派生的な事業を含みながら、基本的には「石炭＝鉄鋼業」という一つの産業体系の基盤上において展開されたコンツェルンであったといえよう。

ピラミッド型の「産業横断的組織」　こうしたドイツの「コンツェルン」の状況に対して、他方の日本においてはどうであったろうか。日本では、今日でも「コンツェルン」といえば、三井・三菱・住友などに代表されるようないわゆるピラミッド型の「総合財閥」の姿が想起されることが多い。すなわち、そこにおいては、財閥本社のもとに、各種さまざまな産業が網羅されていた。たとえば、銀行や保険、商社、鉱山業、さらには各種の製造業があり、または不動産、運輸、百貨店、などなどと、幅広く異種の産業部門が傘下に支配されていたのである。かつて三井財閥の「三本柱」は三井銀行・三井物産・三井鉱山などともいわれた。

すなわち、日本ではこのように「コンツェルン」はしばしば「総合財閥」のイメージの上にそのまま重ねられてきた経緯がある。したがって、また「コンツェルン」とは異種の産業部門を広範に支配する巨大なピラミッド型の「産業横断的な組織」として語られてきたのである。これもまたよく知られた事実であろう。

そして、これら以上二つの特色を結び合わせた端的な表現こそが、日本では、「コンツェルン」とは独占の最高形態ということにほかならなかった。すなわち、いわゆる「カルテル・トラスト・コンツェルン」という順序で並べ立てる「資本の最高支配集中形態としてのコンツェルン」という把握の仕方につながってきたのである。

4　「独占の最高形態」

より具体的に見てみよう。これまで日本の論者たちは実際に「コンツェルン」をどのように議論していたのであろうか。

たとえば、ある論者は述べている。「コンツェルンは企業集中なる範疇に属するところの経済現象であり……コンツェルンの本質は、それが企業集中の一つの具現であるといふ点にある」。すなわち、「企業集中形態は企業連合・企業合同・コンツェルンと段階的に発展する……かくて、コンツェルンに於いて支配と結合との統一が最も柔軟に確保され、企業集中形態は茲に於いて、その最高の段階に達する」（高宮晋『企業集中論』四二〇頁、三九頁）、のだと。

あるいは、別の論者はつぎのように述べていた。「我々はこゝに、特にコンツェルンの語をトラストと明白に区別されたその上位概念として用ひたい。即ち、それは、単一部門における独占的結合をトラストと称するのに対して、かゝる各部門のトラストの若干を包括する超トラスト的結合を意味するものとしたい」（古賀英正『支配集中論』一七五頁）、と。

あるいはまた、別の論者によるならば、「コンツェルンとは株式所有を基礎として、それに加えて資金貸付や人的参与などをつうじてさまざまの産業分野にまたがる数多くの企業が同一の資本の支配下におかれるといった、いわば資本の集中による企業結合形態である」（柴垣和夫『日本金融資本分析』三一一頁）、などなど。

橘川武郎もまた「コンツェルン」について、それを「持株会社による複数の傘下企業の株式所有を通じて、同一資本で異なる産業部門の支配をめざす独占組織の一形態」（「財閥のコンツェルン化とインフラストラクチャー機能」一四一頁〉と定義している。かれは「〈より少ない資本所有による支配〉という株式会社本来の機能を活用し、〈より多くの産業の支配〉をめざす縦断的な独占組織」、であるとも強調している。手元にある『経済学辞典』（岩波書店）を引き寄せて「コンツェルン」を調べても、そこには、「異種産業部門に属する諸企業が単一の資本系列に統括されて形成する縦断的・多角的な独占的巨大企業集団」、と説明されている。

「独占の最高段階」　以上見てきたように、日本では、「コンツェルン」とは企業や資本の「独占的支配集中の最高形態」なのであり、また、それは多くの異なる産業部門を傘下に包摂するピラミッド型の「産業横断的な組織体」にほかならなかったのである。要するに、「コンツェルン」とは、㈠独占の最高段階であり、しかも㈡異種の産業部門に広くまたがる企業結合体、ということであった。これこそが、本章の冒頭で見た高校教科書にもあった説明内容なのであり、今日にいたるまで連綿と受け継がれてきた通説的な理解なのであった。以上のような日本的な「コンツェルン」の理解は、ドイツ本国で生まれた'Konzern'概念、つまり個々の産業体系ごとに形成された「親子型の企業グループ」というものと比較するならば、両者の違いはよほど明白なものとなるであろう。

このようにして、日本では、「コンツェルン」の用語はドイツ本国でのそれから遊離してしまった。ドイツ本国ではそれぞれの産業基盤の上に形成される大小さまざまな「親子型の企業グループ」にすぎなかった。それが、日本では不思議なことに「異なる産業部門を支配する独占の最高形態」という巨大なる怪物に化けてしまったのである。それは日本的なものに潤色され、日本的に書き直された脚本のなかで特殊な役回りを演じてきたのである。言い換えるならば、ドイツではもともとは「コンツェルンは、カルテルやトラストのような一産業の市場独占を目的とした本来の独占体ではなかったが、（日本では）転じて、最高の独占組織と目されるようになってきている」（北原勇執筆『大月経済学辞典』）、ということであった。

もちろん、こうした日本特殊的な理解に対して、さきに見たように法律分野の論者たちが、あるいは一部の経済学者のなかにも、正当に「コンツェルン」を捉えようとする論者がいた。たとえば、田杉競はつぎのようにいう。「コンツェルンは、之を構成する各単位は夫々一の企業として存立し乍ら、実はその間に生産技術上、経営指導上、販売上、若くは金融上何等かの関係を維持し、此等の関係を通じて各企業の損益計算の上に重大なる影響を及ぼすのである。その結果、或る程度まで構成企業は一体となり、コンツェルン全体を一つの企業に準ずるものと見ることも出来る」（田杉「日本の工業化と新興コンツェルン」一八四頁）、と。

あるいは、堀江英一「産業コンツェルン」はつぎのように説明していた。「財閥・コンツェルン・資本グループには、たんなる資本結合としての企業集団と生産結合を基底とした資本結合としての企業集団との二つの類型の企業集団があって、わが国では主としてたんなる資本結合としての企業集団をコンツェルンとよび、欧米諸国では生産結合を基底とした資本結合としての企業集団をコンツェルンとよんでいる」（二〇七頁）、と。

「巨大な怪物の司令塔」

いずれにもせよ、日本における一般的な「コンツェルン」理解はまた、そうした「産業横断的な組織」全体の上に立って「資本集中・支配集中」を行う独自の管制高地としての「持株会社」（たとえば「財閥本社」など）の存在についても当然のように予想してきたのである。たとえば、かつて有澤廣巳『カルテル・トラスト・コンツェルン(上)』（一九三一年）はつぎのように述べていた。「資本の支配網は諸企業を見えざる手によって一個の結合体につくりあげる。だからそこに参与関係の集中点、換言すれば、支配網の中心を形成する企業によって支配せられる資本的支配の全構造が生ずるが、これが最も普通に云はれる意味においてのコンツェルンである」（同、九二頁）。すなわち、「コンツェルン」が独占の最高組織であるならば、持株会社こそはその「支配網の中心」であり「独占支配の司令塔」ということになる。

今日、日本でも持株会社に対する関心が急速に高まってきた。すでに上場企業の一割以上が持株会社の形態をとるまでに広がってきている。いうまでもなく、この持株会社は「企業合併の代替手段」として利用されることもあれば、他方では「企業グループ」の組織形成とも密接なつながりをもっている。つまり、それが事業持株会社であれ純粋持株会社であれ、通常では、企業グループの頂点に立つ親会社は当然ながら持株会社という姿をとっている。

しかしながら、日本では戦後の長い間、「持株会社」のイメージは、以上のような日本特殊的な「コンツェルン」理解にひきずられてきた。つまり、それは「巨大な怪物の司令塔」であるとの思い込みが抜きがたく、したがって、持株会社を設立することは独占禁止法において戦後の半世紀にもわたって禁止されてきたのである。また、そのことは持株会社についての思考停止をも余儀なくさせてきたのである。日本では、以上に見てきたように「戦前に盛んに行われたカルテル、トラスト、コンツェルン研究のイメージが強」かった。したがって、「持株会社」に関しては今も「その現代的意義を理解できない……不幸な状況を招いて」（高橋宏幸『戦略的持株会社の経営』一七八頁）いる、という指摘がなされている。

5　日本における「親子型の企業グループ」の登場

繰り返し述べてきたように、日本では不思議なことに「コンツェルン」は多数の産業部門にまたがって支配する独占の最高形態という巨大な怪物に化けてしまった。日本では今日にいたるまで「コンツェルン」の語はそのように広く受け取られてきたのである。それに対して、ドイツ本国ではもともと、それは、あくまでも企業内部的な大小さまざまの「親子型の企業グループ」を指すにすぎなかった。「企業グループ」には、もちろん大規模なものもあれば小規模のものもある。

日本で「コンツェルン」といえば、そのうちの巨大な規模のものだけを特定して指してきたが、ドイツでは今日でも規模の大小にかかわらず用いられている。たとえば、現在のドイツで施行されている「コンツェルン法」などを見ても、同法の主要な規制対象とは、まさしくドイツ企業の「圧倒的多数を占めるコンツェルン」、すなわち大小無数の「企業グループ」なのである。つまり、それぞれの「企業グループ」内部において発生する親会社と子会社（すなわち「支配企業」と「従属企業」）間での利益相反問題などが中心となっている。

ここで、この「親子型の企業グループ」というものについて少しだけ説明を加えておこう。

「親子型の企業グループ」 今日では、日本であれ外国であれ、大企業のほとんどは「親子型の企業グループ」という形態をとっている。今日、傘下に子会社をもたないような大企業はないであろう。それは、親会社による統制のもとで「連結経営」や「グループ経営」などと呼ばれる一体的な事業経営を行っている。すなわち、今日の企業グループとは「全体を一つの企業に準ずるものと見ることも出来る」（田杉、前掲論文）存在なのである。あるいは、「部分企業」を傘下に抱える有機的な「全体企業」となっている。したがって、たとえば企業経済学の分野などでさかんな「企業の範囲（境界）」をめぐる議論についても、その境界線の線引きは、実質的には子会社をも含み込んだ「企業グループ」の全体でなければならないことになる。今日の「企業」とは、実際には「企業グループ」という形をとるのが普通となっている。

しかしながら、かつては「企業」とは自らだけの存在、すなわち単体であった。それが、傘下に複数の子会社（「部分企業」）をもつ「親会社」となってグループ化する動きがさかんになりはじめたのは、前述したように、ドイツでは第一次大戦の前後のころからであった。ドイツでは、この新しい組織形態を'Konzern'と名づけたのである。

経営組織の「分権化」　世界史的にみると、この一九一〇年代あるいは二〇年代というのは企業の経営組織の面において新たな変革が見られた時代であったといえよう。すなわち、第一次世界大戦の前後における産業技術の急速な発展や新産業の登場、また垂直的な事業統合、さらには旧産業間での産業融合の進展などによって、企業の多くは事業の多角化に走った。あるいは、そのことによって規模を急速に拡大しはじめた。そして、これら事業の多角化や組織の大規模化は、当然のことながら、企業に組織経営の「分権化」の必要性を迫らずにはおかなかったのである。そうした組織変革の端的な表れが、ドイツにおいては「コンツェルン」の登場となり、またアメリカでは一九二〇年代からスタートした「事業部制」組織の採用であった。そして、それらとほぼ同じような組織経営の「分権化」への動きが、日本では遅れて一九三〇年代からの「企業グループ」の登場という形をとって現れたのである。

もちろん、一九三〇年代以前の日本社会において、子会社をもつ大企業がまったく存在しなかったわけではない。一部の大企業のなかには少しずつ子会社をもちはじめるものも見られた。しかし、それらはまだ例外的あるいは少数派にすぎなかった。

あるいは、一九一〇、二〇年代には一部の大企業を中心とした企業集中の現象が見られ、規模の大きな企業集合体も現れた。たとえば、大日本人造肥料（旧東京人造肥料）を中心とする過燐酸石灰業者の集合体や、あるいは電球製造企業の「東京電気《マツダ》ブロック」などが世間の注目を引いた。しかし、それらは同業種の企業間での水平的な集中によるものを主流としていた。つまり、あくまでも市場支配的な側面から同業者を子会社に組み入れたのであって、必ずしも親子関係からなる有機的な「企業グループ」の形成にはつながらなかった。「東京電気《マツダ》ブロック」が自ら電球以外の諸分野（たとえば、無線通信企業、特殊合金工具、電気化学など）にも進んで、内容も新たに有機的な「マツダ・コンツェルン」へと転身したのは、やはり一九三〇年代に入ってからのことであった（下谷政弘『新興コンツェルンと財閥』）。

五つの「新興コンツェルン」　以上のように、日本で「親子型の企業グループ」が相ついで登場しはじめ、世間の耳目を集めたのは一九三〇年代に入ってからのことであった。そうした意味で、日本の一九三〇年代とは注目すべき一〇年間であった。これまでの単体の「企業」が相ついで「企業グループ」へと変化しはじめたのであり、その変化によって特色付けられた一〇年間であった。なかでもとくに注目されたのは、いわゆる五つの「新興コンツェルン」（日産・日窒・森・日曹・理研）の登場であったろう。高校の教科書などでは「新興財閥」とも称されている。それらの「新興コンツェルン」は、一九三〇年代の日本経済の全般的な活況や相つぐ新技術（新産業）の導入、とりわけ重化学工業化が進展するなかで「企業グループ化」を遂げたのであり、一躍「時代の花形」としてもてはやされるようになったわけである。

しかしながら、ここで指摘しておかねばならないのは、日本における「企業グループ」の登場は、これら特定の「新興コンツェルン」だけに代表されるような部分的現象ではなかった、ということなのである。

つまり、「新興コンツェルン」という用語は、これら五つのグループだけを限定的に指し示す固有名詞ではなかった。それは、すでに当時からむしろ一般名詞としても使用されていた。言い換えるならば、一九三〇年代に企業グループ化したのはこれら五つの資本だけではなく、まったく逆に、日本の大企業のほとんどが一斉に新興の「コンツェルン」へと、すなわち「親子型の企業グループ」への組織変革をスタートさせたのである。なるほど、いわゆる五つの「新興コンツェルン」はその代表的なケースではあったろう。しかし、実態としては（日産コンツェルンをのぞけば）、それらは当時に澎湃として誕生した他の「企業グループ」と同じように、一つの産業基盤の上に立つ「親子型の企業グループ」そのものであった。

こうして、日本においても、ドイツに遅れたものの一九三〇年代にはやはり多くの「企業」が「企業グループ」へと変化しはじめた。すなわち、「企業グループ」化が開始されて、本来の「コンツェルン」が登場しはじめたのである。私たちは、いわゆる五つの「新興コンツェルン」の登場についても、当時の「企業グループ」の簇生という歴史的な変化の中に位置づけた上で、あらためて理解しなおすべきなのであろう（下谷政弘『日本の系列と企業グループ』）。

財閥の組織転換　ここでもう一点、指摘しておかねばならないのは、一九一〇年代における財閥の組織転換についてである。すなわち、日本の財閥は、すでに一九一〇年代に傘下の諸事業をそれぞれ株式会社に組織替えし、自らを財閥本社（持株会社）とするピラミッド型の組織体へと転換していたことである。

当時の日本は、非欧米諸国のなかでは唯一の、工業化と近代化を成し遂げつつある若い資本主義国であった。しかし、世界史的にみれば「後進の資本主義国」としての宿命を負っていた。そして、そこにおいて工業化と近代化を推進する中心的な役割を担ってきたのが「財閥」であった。後進の資本主義国であったがゆえに、少数の大資本がまず経済の主要部門を担わねばならなかったのである。つまり、財閥は早くから主要な産業部門への進出を果たすこととなり、また官業の払い下げなどもあって、必然的に「産業横断的」な組織体とならざるをえなかった。

つまり、明治後半期から「産業横断的」に規模を拡張しはじめた財閥は、早くから組織経営の「分権化」の必要性に直面することとなり、組織全体の再編を迫られることとなったのである。財閥はそれぞれに、一九一〇年代には傘下の事業部門を相次いで株式会社として組織再編しはじめた。それらを直系会社（三井）、分系会社（三菱）、連系会社（住友）などとして編成替えせざるをえなかったのである。

すなわち、ここで指摘しておかなければならないのは、これらの「財閥」資本は、英語論文のなかでそのまま'zaibatsu'とも表記されるように、きわめて日本特殊的な資本体であったことである。とりわけ、三井・三菱・住友など、「総合財閥」として異種の産業部門にまで広くまたがって支配する資本体の構築というのは、第二次大戦前には他の主要国には見られないものであった。それは世界史に規定されて姿を現した特殊な資本体なのであった。

したがって、たとえば「ドイツには、日本におけるようなレベルでの〈大規模な産業と金融の結合体〉、すなわち財閥の形成はみられ」なかった（高橋岩和、前掲書、五五頁）。あるいは、敗戦後の日本では巨大な怪物たる「財閥コンツェルン」は解体されるべき運命を余儀なくされたが、他方のドイツでは必ずしもそうとはならず、「経済力過度集中禁止法（施行令第一号）」によって解体されたコンツェルンとしては自動車電装分野のBosch-Konzernだけであったという。その他の石炭、鉄鋼、化学、銀行、映画などの産業分野ごとのコンツェルンは「解体特別法」によってそれぞれに措置されたものの、「概していえば、その執行はかなり緩和され……改正もしくは失効し」た（同前、五〇頁。また、大野英二、前掲書、第5章）。

以上のようにして、戦前日本の財閥は特殊な存在であった。日本の財閥のような「産業横断的な」資本体の存在は他の先進諸国にはみられないものだったことが重要である。とくに、いくつかの総合財閥においては、その巨大さゆえに早くから組織全体の合理的な転換に迫られたのであって、一九一〇年代にみられた傘下事業部門の株式会社への転換は、のちの一九三〇年代に一斉にスタートする日本企業の組織「分権化」の先行事例となったわけである。

6 企業の分社化と「企業グループ」

ところで、「企業」は成長していくなかで他企業との資本関係を築きながらしだいに「企業の結合体」へと転化していく。つまり、「親子型の企業グループ」になっていく。しかしながら、注意が必要なのは、そのプロセスは必ずしも常に「資本集中」や「独占形成」などと直接的に結びつくものではなかったということである。

つまり、実際の企業グループ形成のケースを調べてみるとわかるが、それは外部企業の集中（資本集中）によるものだけではなかった。むしろ逆であった。一九三〇年代にスタートした新興の「コンツェルン」の登場以降、日本企業の多くは自らの内部にあった事業単位をさかんに分社化（spin-off）してきたのであって、それらを傘下の子会社として統括する形で「親子型の企業グループ」を形成してきたのである。日本における「企業グループ」の形成は、基本的には今日現在にいたるまで、組織の分権化や経営合理化などを目的として、その主要な部分は本体からの分社化によって行われてきた。分社化は「組織経営の分権化」にとってもっとも手っ取り早い方法だったからである。

要するに、企業結合体の形成には資本集中（すなわち独占形成）だけでなく、分社化による親子関係の形成という方途も数多く見られた、という事実である。にもかかわらず、日本の企業結合に関するこれまでの研究史を検討すると、さきにも見たように、もっぱら前者の「資本集中」や「独占形成」という側面にのみ異常な関心が寄せられ、他方、後者の分社化という方途については、不思議なことに無視または軽視され続けてきたのである。

「親会社の本業」と子会社　また、本体からの分社化を中心とするものであったことから、それらは結果的に「産業横断的な組織体」となるよりは、むしろ「一つの産業体系」の基盤上に形成される諸企業の有機的な集合体となるのが普通であった。よく知られているように、日本企業の多角化は事業・技術関連性の強いものが多く、いわゆる「芋蔓式多角化」が主流を占めてきたといわれる。それら多くの子会社は「親会社の本業」との事業上の有機的な関わり（「経済的統一性」）を強くもっていたことが重要なのである。

具体的にいえば、それらは、㈠「親会社の本業」から多角的に事業展開した子会社や、あるいは㈡「親会社の本業」に対して支援・補完する役割（親会社製品の販売、親会社への中間部品やサービスの提供、など）を担う子会社で占められていた。すなわち、分社化によって生まれた子会社は、「親会社の本業」との有機的な関連性をもつ本体の「別働隊」もしくは「分身」にほかならなかった。

もちろん、多くの子会社の中にはすでに外部にあった企業が「集中（系列化）」されたものも含まれていた。外部企業の集中（系列化）は企業成長のための時間節約にとっても必要である。日本の経営史においても外部企業の「系列化」のケースは少なくなかった。しかし、仮に外部にあった企業を傘下に系列化する場合であってさえも、多くの日本企業の場合は「親会社の本業」との事業上の関連性が求められたのであり、「一つの産業体系」の基盤上に収まるのが普通であった。結局のところ、それらは「親子型の企業グループ」なのであって、異質の産業部門にまで広くまたがったいわゆる「産業横断的な組織体」などとは縁遠いものであった。

日本企業の分社化志向　ちなみに、前にも指摘したように、今日の大企業はいずれの国でも「親子型の企業グループ」の形をとっている。今日では、それは普遍的に見られる組織形態であるといってよい。しかし、現在の日本における「企業グループ」には他国のそれとは異なるいくつかの特色が見出せる。それは何だろうか。

たとえば、第一に、傘下に抱える子会社の数の圧倒的な多さである。今日では、名前の知られたような大企業では傘下に数百社もの子会社を抱えるというのはけっして珍しくない。一部の巨大企業では子会社数が一千社をはるかに超える（たとえば、ソニーの連結子会社一三一二社、二〇一三年三月）というケースさえある。第二に、それらの子会社の大部分は「分社化」によって誕生したもので占められる。第三に、日本では親会社だけでなく子会社も上場する「親子上場」というケースが見られ、いわゆる「上場子会社」の数は近年でも上場会社全体の一割近くを占めている、など。

すなわち、日本企業は一般的にきわめて強い分社化志向をもっている。しかも、分社化がしやすいとされる自律的・自己完結的な事業単位（たとえば「事業部」など）だけに限らず、たんなる製造や販売、運輸、サービスなどといった個々の非自律的な職能単位（部署）までをもさかんに本体から分社化してきたのである。上に述べた「圧倒的な子会社数」というのは、もちろんそのことの反映であった。

いずれにせよ、以上述べてきたように、日本における企業結合体の形成には、一九三〇年代にスタートした新興のコンツェルンの登場以来、外部企業の集中（系列化）だけではなく、むしろ分社化の手法によるケースが数多く見られたのである。したがって、それは必ずしもアプリオリに市場独占や独占体の形成へとつながるものではなかった。

松下電器の「分社」　ちなみに、この「分社（分立会社）」という語は管見の限りでは松下幸之助による造語ではなかろうか。かれの松下電器製作所（一九一八年創業）は、本書の第1章でもみたように、一九三三年に先駆的にいわゆる「事業部制」を考案・採用したことでも知られている。それは戦前の日本では唯一の事例でもあった。しかし、せっかくの事業部制は短命に終わってしまった。松下電器製作所は三五年に松下電器産業㈱と改称しているが、それと同時に事業部などすべての事業単位を分社化してしまったからである。つまり、同社もまた一九三〇年代において、親会社（「産業本社」）と子会社（「分社」）とから成る「親子型の企業グループ」へと組織転換したわけである。

その際に、同社は『松下電器組織及基本内規』という内部文書を作成している。「親子型の企業グループ」へと転換したのを機会に、「産業本社」と「分社」の新たな関係などについて細かく取り決めたのである。それを見ると「分社」や「分立会社」という語がいくつも出てくる。たとえば、「分社」とは何か。それは、「投下資本二分ノ一以上ニシテ本社店員ヲシテ直接経営ニ当タラシムル会社」（第10条）であり、また、「分立各社ノ経営ハ本規及……基本経営方針ヲ基調トシテ之レヲ行フモノトス」（第9条）、とある。あるいは、「本社社員ヲ店員ト称」（第13条）し「籍ヲ本社ニ置キ便宜分社ニ派遣ヲ命ジ……」（第18条）、云々などとなっていた。また、翌三六年には、グループ全体の一元的な管理を強化するために、「本社及各分社ノ経理事務ノ統一ヲ目的」として新たに『経理事務準則』などが定められている（下谷政弘『松下グループの歴史と構造』）。

7　誤謬の原因――「財閥」の存在――

さて、そろそろ本題に戻らなければならない。以上検討してきたように、日本における「コンツェルン」の用語は本来の内容からはかけ離れて特殊日本的な使われ方をしてきた。しかも不思議なことに、それは、「カルテル・トラスト・コンツェルン」として唱えられ、「産業横断的」な「独占の最高組織」という巨大な怪物にまで仕立て上げられた。いったい全体、なぜ日本ではこのような「コンツェルンの誤謬」が生じたのであろうか。

この「コンツェルン」の語だけに限ったことではないが、これまで常識的に使われてきた経済用語のなかには、もともとの意味内容からみるといわば誤用ではないかと思われるものがいくつか含まれている。しかし、それらの誤用は「日本経済の特殊性」を反映して生まれたものであり、またそれがゆえに今日では一概に誤用とは言えないほどに通行してきたのである。

いうまでもなく、この「コンツェルン」の場合、そうした特殊日本的な理解の背景には戦前の「財閥」の存在があった。前述したように、「コンツェルン」といえば普通にはピラミッド型の巨大な「総合財閥」の姿がイメージされてきたのである。日本では「コンツェルン」といえば、まずは「財閥コンツェルン」のことであった。『外来語辞典』（角川書店、一九六七年）を覗いてみても、

「コンツェルン」とは「企業結合、企業統一連合体、財閥独占の組織」、などと説明されている。

つまり、第一次大戦の前後にドイツで広く登場しはじめた「親子型の企業グループ」、それはドイツでは'Konzern'と呼ばれた。他方、その当時の日本には、まだそうした形の「企業グループ」は存在していなかった。日本で「親子型の企業グループ」(ドイツでいう'Konzern')という組織形態が一般化しはじめたのはようやく一九三〇年代以降のことであった。それまでの日本には、探してもまだそれはなかったのである。

しかし、それに類似した形の企業集合体ならば存在していた。それこそが、一九一〇年代に相ついでピラミッド型の組織形態をとった「財閥」であった。「コンツェルンは我国では屡々財閥と同意義に用ひられた。それは一つは財閥の構成する企業集団、即ち金融的支柱を中心とするもの以外に之といふコンツェルンがなかつたことによるであらう」(田杉、前掲「日本の工業化と新興コンツェルン」一八八頁)。当時において、ドイツからの輸入語の'Konzern'に近い形の企業集合体として、日本には「財閥」しか見当たらなかったわけである。したがって、当時の人々は財閥のことを「コンツェルン」と、あるいは具体的な名称を付けて「三井コンツェルン」などと呼ぶようになったのである。

その場合、問題だったのは、それらの財閥は「親子型の企業グループ」というよりは、むしろその当時からすでに異質の産業部門を横断する資本体だったということである。しかも、財閥は、その後の一九三〇年代に入るや急速に巨大化し日本経済の支配的な存在となりはじめた。

要するに、ドイツからの'Konzern'の用語は日本に輸入されてまず財閥に充てられ、その財閥が「産業横断的な独占体」であったことから、日本語の「コンツェルン」の内容も変質したわけである。日本語の「コンツェルン」の内容は財閥のそれに重ねられ、財閥の巨大化とともに膨らんでいき、財閥がそうであったように「産業横断的な独占体」へと翻訳されてしまったのである。そして、その後の戦時経済のなかでもカタカナ語の「コンツェルン」は巨大化・独占化した「財閥コンツェルン」として定着し、戦後にも生きながらえて、今日の高校の教科書にいたるまで受け継がれてきたわけである。

8　二重の「コンツェルン」

しかし、話はそれだけで終わらない。事情はより複雑であった。なぜならば、それまで「財閥コンツェルン」のピラミッドを構成してきた個々のメンバー企業にも新たな変化が生じたからである。

「財閥の変質」　一九三〇年代の日本に「親子型の企業グループ」が新たに登場しはじめたことについては繰り返し述べてきた。この「企業」の「企業グループ」化という歴史的現象は、当然のことながら、今度は財閥の組織のなかにも浸透しはじめたのである。すなわち、財閥の傘下にあった個々の「企業」もまたそれぞれが親子型の「企業グループ」へと変化しはじめた。かれら「企業」は、自らがそれぞれに親会社となって傘下に固有の子会社を設立しはじめたのである。それは、かつての一元的なピラミッド型管理機構であった財閥組織の全体にもわたる大きな変動を意味していた。またそれは、のちの戦時統制経済のなかにおける財閥のさまざまな動向や、あるいは戦後の財閥解体のあり方にまでも影響を及ぼした大きな変動であった。いわゆる「財閥の変質」と呼ばれる動きである。

たとえば、三井財閥コンツェルンの場合でいうならば、その傘下において、三井物産や三井鉱山などの主要な「企業」がつぎつぎと「企業グループ」への動きを開始した。それらは、やがて「三井物産コンツェルン」や「三井鉱山コンツェルン」などと呼ばれはじめたのである。あるいは、三井財閥の傍系企業として位置づけられてきた王子製紙や鐘淵紡績などもそれぞれに「王子製紙コンツェルン」や「鐘紡コンツェルン」などを形成しはじめた。要するに、三井財閥というコンツェルンの内部において、次元の異なる新たな「コンツェルン」が誕生しはじめたのである。財閥コンツェルンという大宇宙のなかに、小宇宙たるいくつもの「コンツェルン」が誕生しはじめた。

本章では、これまで日本における「コンツェルン」の語の特殊な理解についてみてきた。それは、ドイツ本国での使い方からは乖離したものであったが、さらには、このようにして、日本では「コンツェルン」のなかに「コンツェルン」が含まれるという、一つの用語が二重の意味合いでも使用されるという奇妙な事態すら招いてきたわけである。つまり、次元の異なるものを一つの用語で呼ぶという混乱であった。この混乱こそは、日本特殊的な「コンツェルンの誤謬」がもたらした必然の結果であったというべきなのであろう。

【参考文献】

有澤廣巳『カルテル・トラスト・コンツェルン』上、改造社、一九三一年
磯部喜一「コンツェルンに就いて」『経済論叢』第26巻第4号、一九二八年
大隅健一郎『企業合同法の研究』弘文堂書房、一九三五年
大隅健一郎「コンツェルンの法律的組織概観(1)」『法学論叢』第29巻第5号、一九三三年
大野英二『ドイツ資本主義論』未来社、一九六五年
岡村正人「株式会社とコンツェルン」『同志社商学』25号、一九七四年
加藤栄一『ワイマル体制の経済構造』東京大学出版会、一九七三年
橘川武郎「第一次世界大戦前後の日本におけるコンツェルン形成運動の歴史的意義」『青山経営論集』第22巻1号、一九八七年
橘川武郎「財閥のコンツェルン化とインフラストラクチャー機能」石井寛治他編『日本経済史3』東京大学出版会、二〇〇二年

古賀英正『支配集中論』有斐閣、一九五二年
小島精一『企業集中論』日本評論社、一九二七年
静田均「コンツェルンに関する覚書」『経済論叢』第57巻第4号、一九四三年
柴垣和夫『日本金融資本分析』東京大学出版会、一九六五年
下谷政弘『日本の系列と企業グループ』有斐閣、一九九三年
下谷政弘『松下グループの歴史と構造』有斐閣、一九九八年
下谷政弘『持株会社の時代』有斐閣、二〇〇六年
下谷政弘『新興コンツェルンと財閥』日本経済評論社、二〇〇八年
杉本つとむ『近代日本語』紀伊國屋書店、一九九四年
高橋岩和『ドイツ競争制限禁止法の成立と構造』三省堂、一九九七年
高橋宏幸『戦略的持株会社の経営』中央経済社、二〇〇七年
高宮晋『企業集中論』有斐閣、一九四二年
竹井廉「会社の親子関係――企業合同法上の一考察――」『法学論纂』一九三二年一一月号
竹内謙二『リーフマン企業組織論』有斐閣、一九三六年
田杉競「日本の工業化と新興コンツェルン」『科学主義工業』一九三八年六月号
西野嘉一郎『近代株式会社論』森山書店、一九三五年
春見濤子「第一次世界大戦後におけるジーメンス・コンツェルンの編成上の特質」『宮城学院女子大学研究論文集』64号、一九八六年
堀江英一「産業コンツェルン」『経済論叢』第110巻第5号、一九七二年

鞠子公男『持株会社』商事法務研究会、一九七一年
目崎憲司「コンツェルンに関する若干の考察」『経済学論集』第4巻第7号、一九三四年
諸田實『クルップ』東洋経済新報社、一九七〇年
山崎敏夫『ドイツ企業管理史研究』森山書店、一九九七年
吉田修『ドイツ企業体制論』森山書店、一九九四年
渡邊和俊「コンツェルンの経営戦略と集権化」『甲南経営研究』第38巻第2号、一九九七年
H. v. Beckerath, *Krafte, Ziele und Gestaltungen in der deutschen industriewirtschaft*, 1924
R. Liefmann, *Kartelle, Konzerne und Trusts*, 1927
R. Passow, *Betrieb, Unternehmung, Konzern*, 1925
R. *Rosendorff, Die rechtliche Organisation der Konzerne*, 1927
W. Sombart, *Der Moderne Kapitalismus*, 1927

おわりに

福井は「越の国」である。暗く長いトンネルをくぐり抜けて、長年住み慣れた関西から福井の大学へ移ってきて六年が経った。福井は水は清く山も青い。自然がゆたかで、人々はやさしく住みやすい。また、ものづくりのさかんな土地柄でもある。いわゆる「第二次産業」の就業者比率が高く、全国平均が二五％ほどなのに対してここでは三三％と図抜けて高い。質実さと伝統を尊ぶ県民性からなのであろう、各種の武道や書道なども驚くほどにさかんで、若い世代にしっかりと受け継がれている。いまではわたしも福井の生活にとけこんで、すっかり「福井人」となってしまった。毎日、福井の経済社会や文化伝統など多くのことを学ぶ生活である。そしていつしか、新米ながらも福井の自慢話をするようになった。

福井は「越の国」といったが、越前はそうであっても若狭は違う。若狭はむしろ関西圏に近く、鯖街道などのように古くからのつながりのルートも残る。言葉遣いも越前とは違って関西風である。そこでは伝統的な食文化が大事に受け継がれ、古くから「御饌国《みけつくに》」の名でも知られる。

福井県が最終的に越前・若狭をあわせて今の形となったのは遅れて明治一四年のこと、いくつかの曲折を経て、歴史や文化の土壌を異にする二つの地域が合わさって一つの県を作っている。私の勤める福井県立大学も両方にキャンパスを構えている。福井では一般的に「嶺北・嶺南」という呼び方が普通に行われ、両者の間には経済的な「南北問題」も生じている。また、人口減少という深刻な問題にも悩まされている。福井だけに限った話ではないであろうが、市街地や駅前通りをあちこち歩くと、今日の地方経済にとってまさしく「経済とは人口である」との感を深くさせられる。

興味深いのは、この福井という土地柄から国語学や文字学の分野で偉大な先人たちが輩出されてきたことである。たとえば、福井市出身の白川静の漢字学はあまりに有名である。書家の石川九楊も越前の生まれである。また、戦前では上代特殊仮名遣いの研究で知られた橋本進吉（東京帝国大学）は敦賀の生まれである。さらには、江戸の後期に活躍した東條義門のことを忘れることはできない。義門は若狭小浜の真宗大谷派妙玄寺の住職だったが、国語学史上に不朽の功績を遺した人物である。三木幸信『義門の研究』（風間書房、一九六三年）という浩瀚な書物もある。義門が本居宣長らを批判して書いた『男信（奈万之奈）』は私の愛読書となっている。

そのような福井生活の影響も受けてなのかどうか、本書『経済学用語考』の内容は経済学と素人国語学のハイブリッドなものとなった。いささかマニアックな箇所も含まれ、大方の関心からは外れるところもあろう。しかし、仕事の合間を見ながら、私の興味本位からいろいろと調べて書き上げてみた。

その際、いつものように多くの方々から貴重なご教示を受けることとなった。たとえば、ロシア語の「コンビナート」については福井県立大学の Andrey Belov 先生から、「経営」の発音については福井県立文書館の Karel Fiala 先生から、また「重化学工業」については大阪大学の沢井実先生から示唆を頂いた。また、中国語や韓国語についてはかつての留学生諸君に助けてもらった。また、京都大学文学部の木田章義先生、大槻信先生には国語学の基本について懇切に手ほどきして頂いた。ありがたく厚くお礼申し上げる次第である。

また、このようなハイブリッドな本の出版を恐るおそる願い出たのに対して、二つ返事で引き受けて頂いた日本経済評論社の栗原哲也社長、そして谷口京延さんには感謝の言葉もない。お二人の励ましによって本書はようやく日の目を見ることができたのである。

二〇一四年二月

九頭竜《くずれ》川の旧中洲のキャンパスにて

下谷　政弘

索　引

【著者略歴】

下谷政弘（しもたに・まさひろ）

1944年　金沢市に生まれる
1974年　京都大学大学院経済学研究科博士課程修了
大阪経済大学助教授を経て
1980年　京都大学経済学部助教授
1987年　京都大学経済学部教授
2008年　福井県立大学経済学部教授
2010年　福井県立大学学長
主要著作
『日本化学工業史論』御茶の水書房、1982年
『現代日本の企業グループ』（共編）東洋経済新報社、1987年
『戦時経済と日本企業』（編）昭和堂、1990年
『戦時日本経済の研究』（共編）晃洋書房、1992年
『日本の系列と企業グループ』有斐閣、1993年
『持株会社解禁』中央公論社、1996年
Beyond the Firm（co. eds.）Oxford University Press, 1997年
『松下グループの歴史と構造』有斐閣、1998年
『持株会社の時代』有斐閣、2006年
『新興コンツェルンと財閥』日本経済評論社、2008年
『東アジアの持株会社』（編）ミネルヴァ書房、2008年
『持株会社と日本経済』岩波書店、2009年
『経済大国への軌跡』（共編）ミネルヴァ書房、2010年

経済学用語考

2014年２月18日　第１刷発行　　定価（本体2800円＋税）

著　者　下　谷　政　弘
発行者　栗　原　哲　也

発行所　株式会社　日本経済評論社

〒101-0051　東京都千代田区神田神保町3-2
電話　03-3230-1661　FAX　03-3265-2993
info8188@nikkeihyo.co.jp
URL：http://www.nikkeihyo.co.jp

装幀＊渡辺美知子　　印刷＊文昇堂・製本＊誠製本

乱丁・落丁本はお取替えいたします。　Printed in Japan

ISBN978-4-8188-2317-4